古武術で
カラダがみるみる蘇る

もっと動ける！
もっと走れる！
身体操法の基本

高橋佳三 監修
（びわこ成蹊スポーツ大学教授）

宝島社

監修の言葉

こんにちは、高橋佳三です。本書を手に取ってくださり、ありがとうございます。皆様にとって、何か少しでもお役に立てるような内容があれば、幸甚です。

この本のタイトルは、『古武術でカラダがみるみる蘇る　もっと動ける！　もっと走れる！　身体操法の基本』です。この中で、私が最も重要なキーワードと考えているのが「基本」の二文字です。基本というのは辞書（デジタル大辞泉）によれば、「判断・行動・方法などのよりどころとなる大もと。基礎」という意味で、まさに「大本」なわけですが、では「その大本はどこから来ているのか？」について、あまり深く考えることはありません。「基本が大事だ」、「基礎作りをおろそかにすると後が伸びない」など、多くの指導者が言いますが、ではその指導者は「基本を理解しているのか？」と言われると、考え込んでしまうこともあるでしょう。それは私も同様で、偉そうなことを言える立場ではありません。しかし、本書ではあえて「基本」という言葉を使ってみました。そして、その大本をどこに求めたかというと、「その動きが行われていた時代や地域の文化、生活習慣、身体、動き」にです。

古武術が行われていた時代は、大まかに言うと明治維新以前、江戸時代までくらいになります。その時代の人たちは、着物を着て生活し、仕事のほとんどで身体を動かしていました。その時代の人たちが考えたのが古武術ですから、その頃の文化や生活習慣を一度顧みて、その時代の人たちの身体や感覚に戻らなければなりません。それをせずにただ形をなぞって古武術の身体の動きや感覚を手に入れようとするならば、文字通り形骸化したものを練習することになります。それは、端的に言って時間の無駄です。

また、本書の中でも少し触れていますが、ウェイトトレーニングは元々西洋で発達したものなので、その動作を考え、トレーニングする際には、一度西洋の人たちの身体（姿勢、感覚など）を顧みて、その身体で行う必要があります。それを現代日本の文化や生活習慣にどっぷり浸かった我々の身体で行っても、実は全く真逆の成果を得ている可能性があります。

このように、古武術でもウェイトトレーニングでも、それを行うにはそのもとになる文化や生活習慣に立ち戻る必要があります。本書では、その中でも古武術を行う際に注意したほうがよいであろうと私が考える、「トレーニングを行う前につかんでおくべきこと」をできるだけ盛り込みました。タイトルにある「古武術でカラダがみるみる蘇る」も、この本を読み、実践してくださる読者の皆様の身体が「本来持つ機能を取り戻しますように」という願いを込めてつけました。新たな力や動きを外からつけるのではなく、すでに身体に備わっているものを取り戻そう、というのが本書のコンセプトです。本書を手に取った皆様がご自身の身体のもつ能力を最大限に発揮し、日常生活でもスポーツでも、健康で生き生きと取り組んでいただけることに役立つことができれば、これほどうれしいことはありません。

最後になりますが、出版に当たり、推薦文を快くご寄稿くださいました甲野善紀先生と内田樹先生に、心よりお礼申し上げます。お二人には、いつもさまざまな面で助けていただき、いくらお礼を言っても足りるものではありません。

次に、対談を快く引き受けてくださいました杉本龍勇先生と田中健太選手に、お礼申し上げます。海のものとも山のものともつかぬ私との対談をお引き受けくださり、大変興味深いお話をいただき、本書の中で最も読んでいただきたい章になりました。

そして、いつも支えてくれる家族にお礼を言いたいです。前著の作成のときは、妻のお腹に息子が宿り、大変な時期でした。その息子も、今年（2019年）で4歳。仕事や講習でなかなかまとまった時間がとれず、家族で過ごす時間も少ないですが、そんな中、本当に息子をいい子に育ててくれて、さらに家事も全く問題なくこなす妻には、感謝しています。また、どんなに疲れていても、息子の笑顔を見ると「この子のために頑張ろう」という力が湧いてきます。家族がいつまでも健やかでいられるよう頑張ります。これからもよろしくお願いします。

2019年7月24日(水)
シンシナティ・ノーザンケンタッキー国際空港のスターバックスにて

高橋佳三

Contents

第1章 古武術に学ぶ「姿勢」

監修の言葉 …… 2
古武術とは何か？ …… 10
背骨の積み上げ …… 16
「背骨の積み上げ」のワンポイント …… 19
天と地 …… 20
足の小指に力を入れる …… 23
足指と膝の向き …… 24
足の小指に力を入れて歩く …… 26
肘の向き …… 28
膝の向きと座り方 …… 30
歩き方 …… 34
走り方 …… 38
COLUMN 01
元プロ野球投手・桑田真澄選手も実践
古武術を野球に活かす!! …… 42

第2章

カラダの動きを取り戻す

自分のカラダの動きを知ろう!! …… 44
前屈のチェック …… 45
前屈の悪い例 …… 46
前屈のよい例 …… 48
開脚のチェック …… 50
開脚の悪い例 …… 51
開脚のよい例 …… 52

◉上半身編
肩甲骨を動かす …… 53
四十肩、五十肩は、肩甲骨をうまく動かせないから …… 54
肩甲骨トレーニング① 前後に動かす …… 56
肩甲骨トレーニング② 上下に動かす …… 57
注意!! 肩甲骨の下げ方 …… 58
肩甲骨トレーニング③ 回す …… 59
肩甲骨トレーニング④ 床に手をついて動かす …… 60
前腕と手の動き …… 62
手の動きのエクササイズ …… 63

第3章

動けるカラダを作る実践トレーニング

◉下半身編

足指を動かす……64

足指と足の関係を知る……65

土踏まずを作る……66

膝の動かし方……68

足首の角度を意識……70

COLUMN 02 トレーニングの回数はどうしたらよい？……72

普通の腕立て伏せでは体幹がうまく働かない……74

肩甲骨を下げれば体幹が働く……76

◉実践トレーニング

体幹を鍛える腕立て伏せ……77

肩甲骨を意識したカエル倒立……78

四股踏みは足を持ち上げない・ねじらない……80

◉実践トレーニング

骨盤を意識した四股踏み……82

第4章

壁の前で四股踏み 84
壁スクワット 86
長座のお尻持ち上げ 88
イスを使ったお尻持ち上げ 91
肩甲骨を意識して四足歩行に挑戦 92
足指を曲げて立つ 94
タオルギャザーのやり方 95
ランニングの仕方 96
一本歯の下駄を試してみよう！ 98
COLUMN 03
一本歯の下駄を活用する！ 100

特別対談

高橋佳三×杉本龍勇 田中健太

高橋佳三×杉本龍勇
「速く」よりも「うまく」走る 102
高橋佳三×田中健太
東京オリンピック出場のその先へ 116

Staff credit
装幀：森田千秋（Q.design）
本文デザイン＆ DTP：木下裕之（KINOSHITA DESIGN）
装画：涌井陽一
撮影：佐々木一雄（BAKU STUDIO）
　　　金子 靖
取材・編集・執筆：大野 真

第1章

古武術に学ぶ「姿勢」

古武術とは何か？

——巻に一大ブームを巻き起こした「古武術」。その牽引《けんいん》役である武術研究家・甲野《こうの》善紀《よしのり》氏の稽古会に通い、さまざまな身体操法に気づかされたと話すのは、本書・監修者の高橋佳三氏だ。スポーツバイオメカニクスという専門を持ちながら、古武術を学ぶのはなぜか。古武術の魅力について話を伺った。

明治時代以前の日本人の体の動かし方

古武術とは、文字通り「古い時代の武術」のことを指します。時代として区分するなら、明治維新よりも前まで、江戸時代の頃の日本人の多くが普通に行っていた動きがもとになっているものです。

ひとくちに武術と言っても、剣道や柔道などさまざまだと思われるかもしれません。しかし、昔の人たちは刀があれば刀、なければその辺に落ちている棒を用いて対抗しなければならなかった。棒もなければ、今度は体術で相手を制さなければならなかった。そう考えると、たとえ得物が変わっても、体の動かし方というのは同じだったのかもしれません。

今日では、スポーツ化するために

「〇〇道」と言って剣道や柔道、合気道と分かれていますが、そうなる以前はなんでもやったのだと思います。ひとつの流派の中に剣術もあるし棒術もあるし、体術もあるのが普通でした。

　本書で紹介されているさまざまな体の動かし方を見て、「これのどこが古武術なんだ?」という感想を持つ人も多いかもしれません。

　本書では「古武術」と銘を打っていますが、古武術の動きをそのまま紹介しているわけではありません。私自身が古武術やスポーツの研究を通じて体感した体の動かし方が、普段の生活に役に立つかもしれないと思い、紹介しています。そういった意味で、今回監修した本書における身体操法の基本は、私が古武術をやっていなかったら気づかなかったことばかりです。

古武術を学ぶきっかけは桑田真澄投手

　そもそも私が古武術を習おうと思ったきっかけは、２００２年のことでした。もともと野球をやっていて、当時、読売ジャイアンツに所属していた桑田真澄投手の大ファンでした。ちょうど２００２年は、右肘の負傷と手術の後、復帰したものの不振に喘《あえ》いでいた桑田投手が4年ぶりの二桁勝利、そして防御率２・２２の記録で15年ぶりの最優秀防御率のタイトルを取った年だったんです。

　久しぶりにタイトルを取ったのが嬉《うれ》しくて、いろいろ調べていたら、桑田投手の活躍の裏に古武術があると報道されており、素直に「やってみたい」と思ったのがきっかけでした。

　その桑田選手を指導されたのが甲野善紀先生で、その年末のテレビ番組で紹介されていたのを観て、甲野先生のところへ行かなきゃだめだなと

実際に古武術をやってみて、最初に「肩甲骨の動き」が変わったと思います。

思いました。まず、古武術との出会いは、そうした直感が働いたということが第一の理由です。

　第二に「どう指導していいかわからない」という絶望がありました。当時、私は筑波大学野球部のコーチを務めると同時に、スポーツバイオメカニクスの研究を行っていました。スポーツバイオメカニクスとは、数学や物理学を利用しながら人の体の動きを科学的に研究する学問ですが、一方でさまざまなスポーツの指導書や有名なコーチの言うことなど、「体の感覚」に近いものは、なかなかこの学問分野では分析しづらかった。また、研究の成果をそのまま野球部の学生たちに教えても、大きな成果に結びつきづらく、指導法に悩んでいたということもありました。

　私自身も小さい頃から野球をやり、投手でしたが、140㎞／hを超えるようなボールなんて投げたこともないので、その感覚もわかりません。私よりも能力の高い学生が野球部に入ってくることだってある。そうした学生たちへの指導をどうすればいいのか、自分の専門が現場の役に立たないのではないかと考えていた時期でもありました。そんなときに、古武術の話を聞き、自分のわからない体の感覚をわかるようになるかもしれないと感じたのです。科学的な動きの指導だけでなく、より感覚に基づいた指導もできるのではないかと思いました。そこですぐに甲野先生とコンタクトを取り、年が明けた2003年1月9日に、初めて甲野先生の稽古会に参加しました。そのときは、約3時間にわたって稽古をしていただき、今まで自分がやってきたことはなんだったのかと、ものすごい衝撃を受けました。以来、毎月のように甲野先生の稽古会に通い、ご指導いただきました。

壊した肩が肩甲骨で治った!?

実際に古武術をやってみて、最初に「肩甲骨の動き」が変わったと思います。古武術をやるまでは、私も肩甲骨は全然動いていませんでした。

甲野先生のもとを訪ねる前、私は肩を一度壊していて、全力投球はもちろん、10mくらいしかボールを投げられないような状態でした。ところが甲野先生の稽古会に通い始め、意識的に肩甲骨を動かすようになると、1カ月くらいで全力投球ができるようになりました。それも現役のときよりもいいボールが投げられるようになった。

本書内でも説明しますが（54ページより参照）、肩甲骨がうまく動かないと肩が上がらず、肘の位置も肩より上には上がりません。それを無理に上げてボールを投げる動作をするので、骨と骨の間に筋肉が挟まるインピンジメント症候群になり、筋肉を痛めてしまいます。四十肩、五十肩も同じような理屈で引き起こされるのではないかと思いますが、肩甲骨が動くと腕が上がるようになるので、きちんとボールが投げられるようになりました。

現代人はデスクワークが中心ですから、背中や肩周辺は基本的にはこわばっていて、うまく使えない。その意味では、肩甲骨をきちんと動かせるようになると、肩周辺のこわばりも取れる。また、背中で肩と腰がつながっているわけですから、腰痛が軽減することもある。個人差はもちろんありますが、大きな変化・効果が期待できます。

体にとって楽な動かし方と自分にとって楽な姿勢の違い

本書で紹介している身体操法は、どれが古武術かと厳密に言うことは難しいのですが、体が本来持っている力を引き出す動かし方、という意味では、古武術が大きなヒントになっています。

本書では「背骨の積み上げ」（16ページより参照）と言って、背骨を下から積み上げるイメージで立つという姿勢を紹介しています。背骨がきちんと立っていると、背骨を支えるための筋肉が全部、きちんと働きます。これに偏りがあると、その偏りを正すために一部の筋肉に負荷がかかり、他が緩んでいるというアンバランスな状態になります。結果、部分的に過剰に力が加わるため、怪我をしやすくなる。それを均等にするのが重要です。

いわば、体全体に負荷が散り、偏りがないため、特定の部位だけに負荷がかからないという感覚です。

ですから、頭で考えるような楽な姿勢とはちょっと違います。実際は負荷がかからないことが一番楽な姿勢だと思われがちですが、本書で紹介しているのは、全体に均等に負荷がかかることで、どこか特定の部位に負荷を感じさせないようにしている、とも言えるでしょう。

これはどんな動作でも、全身を連動させることが重要であることを意味します。人間の体は、局所的に使うと疲れを感じやすいようですが、全身がくまなく働くと、疲れにくくもなるようです。

人生１００年時代の体の動かし方

古武術とスポーツバイオメカニクスというのは、一見対照的なもののように思えます。ですが、私のスタンスとしては、その人にとっての最大のパフォーマンスを発揮することが、指導するときの一番の目的です。

登山で言うなら、その頂上を目指すための道はさまざまであっても、最後はその頂上につながっている。途中で道が交わることもあれば、全然違うところを迂回《うかい》したりすることもある。それでも結局はスポーツ選手でも一般の方でも、その人にとってパフォーマンスを高めるということが目的です。ですから、一見真逆に見えるふたつのことであっても、その頂上にたどり着くための方法として、私の中では、矛盾も対立もしていません。

科学や医療の発達がめざましい現代ですが、江戸時代の人の寿命がだいたい60年とすれば、今や人生１００年時代です。40年も寿命が延びたということはとてもすごいことだと思いますが、体の使い方という点では、江戸時代の人たちに比べると、現代人はむしろ劣っているのではないでしょうか。

現代人は本来持っていた体の動かし方を忘れたまま、しかし、寿命は１００年ある。江戸時代の人たちは体の動かし方を知っていたけれども、寿命は60年しかなかった。

私自身、古武術の動きが形作られ

た江戸時代の暮らしや考え方、その全てを肯定するわけでもないですし、逆に現代の全てを否定するつもりもありません。

しかし、１００年の人生を考えると、なるべく動ける体であり続けたいと思うのは当然です。老化とともに訪れる筋力の衰え、これはしょうがない。けれども、体の動かし方をよく理解し、身につけることができれば、ある程度までは、動ける体を維持することができると思います。

１００年の人生を考えると、なるべく動ける体であり続けたいと思うのは当然です。

背骨の積み上げ

足から体幹、頭までをつなげる

頭から、体幹、足まで骨をまっすぐに並べる

動けるカラダを作るために、まずは基本となる姿勢をチェックしてみましょう。

「きちんと立ってください」と言うと、多くの方が学校で習う「気をつけ」の姿勢を思い浮かべると思います。

これは、かかとをしっかりとつけて、胸を張り、背筋を伸ばした姿勢です。しかし、この姿勢は、例えばスポーツのあらゆる場面で体勢を変化させながら、迅速に対応することには不向きで、どこへでも動けるような姿勢ではありません。

1

2

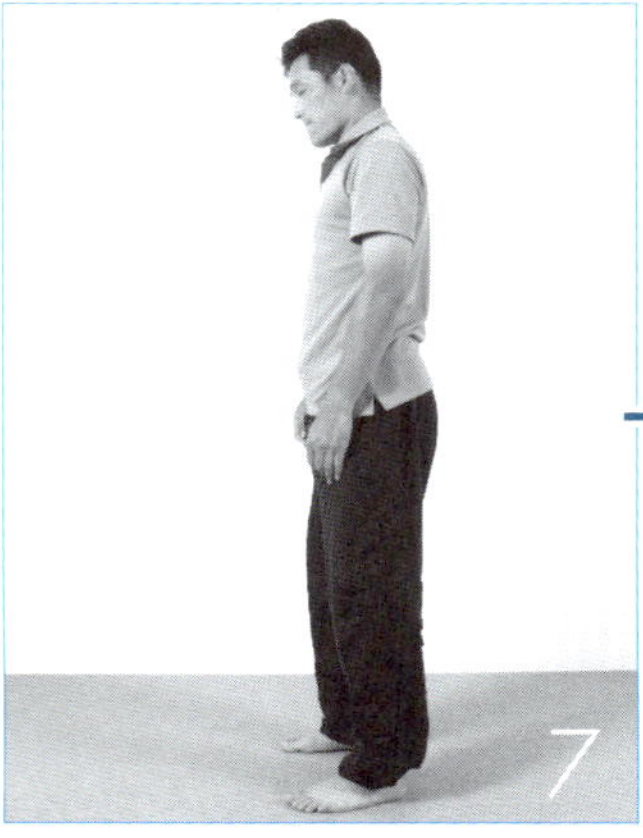

7

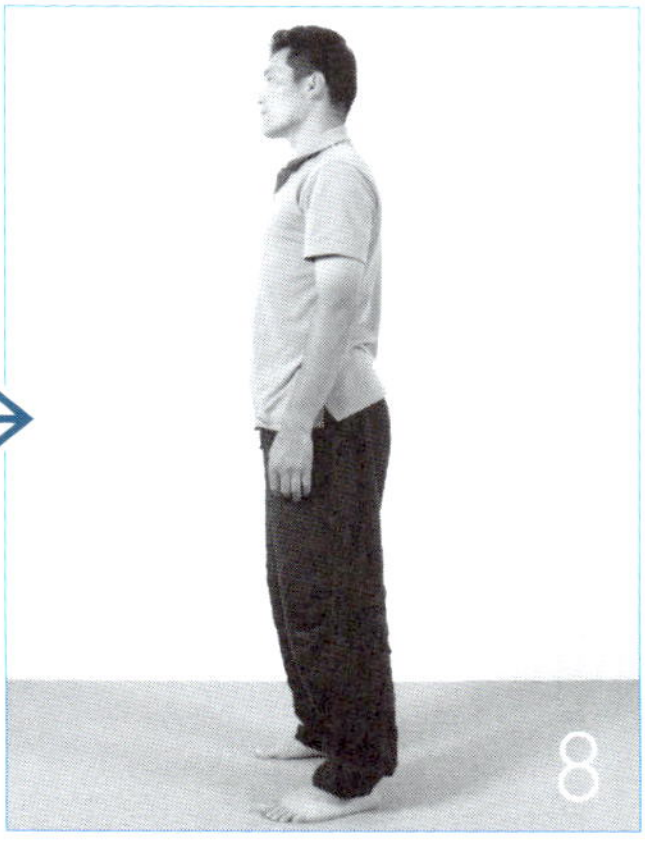

8

そこで、ぜひ、やってみていただきたいのが、「背骨の積み上げ」です。

前屈の姿勢から、背骨を下から順番に、まるで積み木をひとつずつ積んでいくようなイメージで、上に上がっていきます。こうしてひとつずつ積み上げていく感覚で背骨から最後に頭までを起こすと、足から体幹、頭まで全部がつながったようなイメージになります。

この姿勢で立つことで、どんな体勢にもすぐに動き出すことができます。また、通常の「気をつけ」のような姿勢では、別の人に足を持ち上げられるとすぐにぐらついてしまいますが、この背骨の積み上げを行うと、簡単にはぐらつきません。

背骨の積み上げを行うことで、体幹から足までちゃんと力が伝わって、全身で対応できるようになるのです。

失敗例①

まずは前屈の状態からスタート。背骨の一番下の骨を意識していないと、動かし方が違ってしまう。

腰から順番に動かすのではなく、頭から上げてしまっている。

このため、下から順番に積み上がらず、体幹と足のラインが分断されてしまい、力が分散する。

失敗例②

同じく前屈の状態からスタート。最初は、背骨の一番下から動かしているように見えるが……。

途中から腰が中に入り過ぎてしまい、背中の真ん中から曲がってしまっている。

結果、お尻が後ろにポコンと出てしまい、背中が反ってしまう状態に。こうなると、うまく背骨が並ばない。

最初は手を添えて「背骨の積み上げ」のワンポイント

下腹に手を添えて押す感覚で

下から少しずつ背骨を積み上げていき、最後に頭が上がるイメージで行いますが、頭から上げてしまったり、あるいは速くやり過ぎると背中の途中から上がったりしてしまい、体幹と足がきちんとつながりません。お腹の一番下から、上へと上がってくる感じを大事にして、ひとつひとつ積み上げていくことをイメージしてゆっくりとやってみましょう。

最初は、下腹に手を添えてやってもよいでしょう。そのまま下腹を押してやる感覚で、自然と上体を、下から順番に起こしていきます。

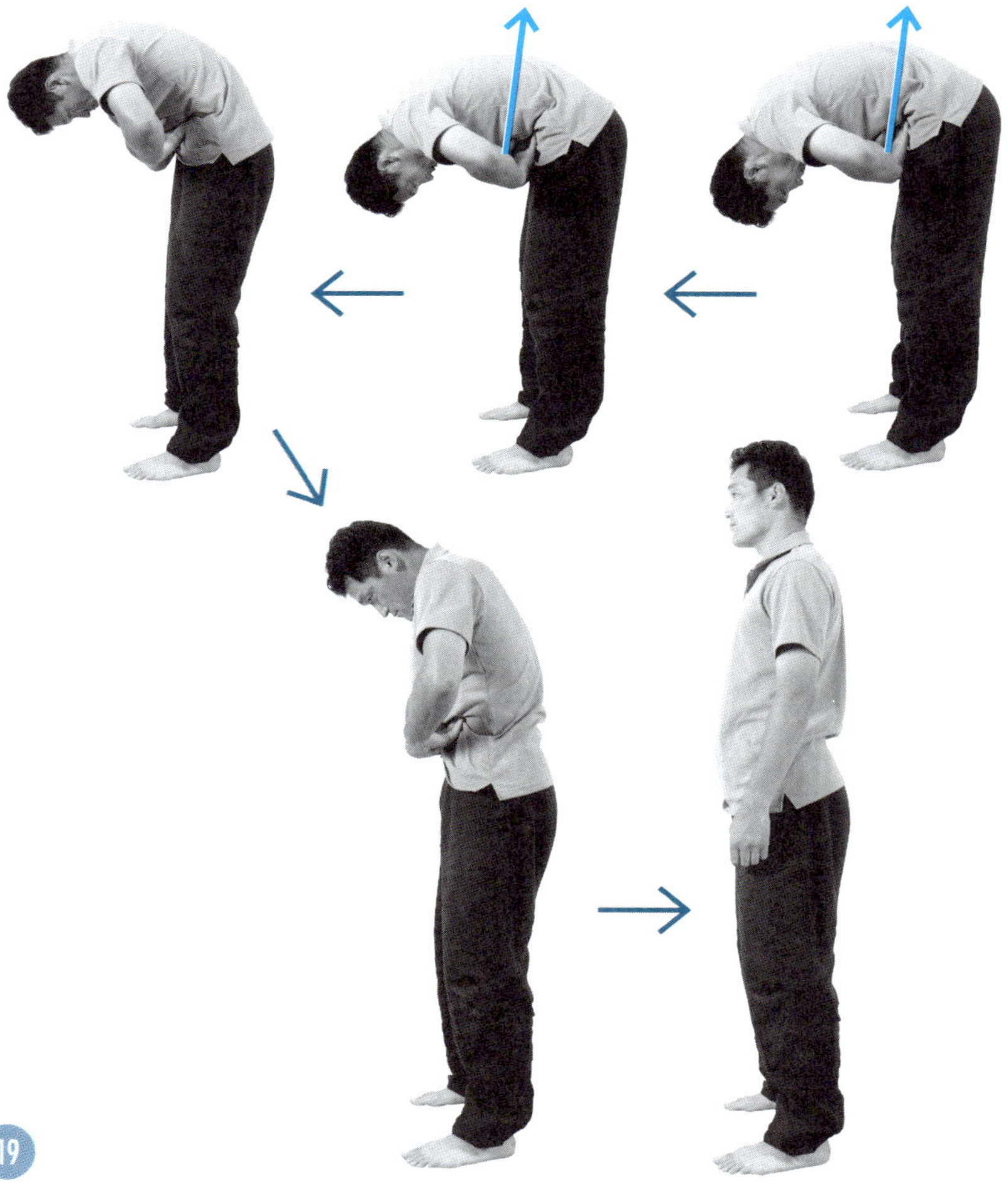

体のバランスを整える
天と地

重心は天地の中心に留める

背骨の積み上げをして姿勢を作る際に、上＝天に伸び上がる感覚と、下＝地に重心を落とす感覚の両方が、体のなかにある状態が重要です。

これはどちらか一方に偏り過ぎてもいけません。

天に重心が偏りすぎると、姿勢は、極端に言えばつま先立ちになって前のめりになり過ぎてしまいます。

天と地のバランスを意識

背骨の積み上げから

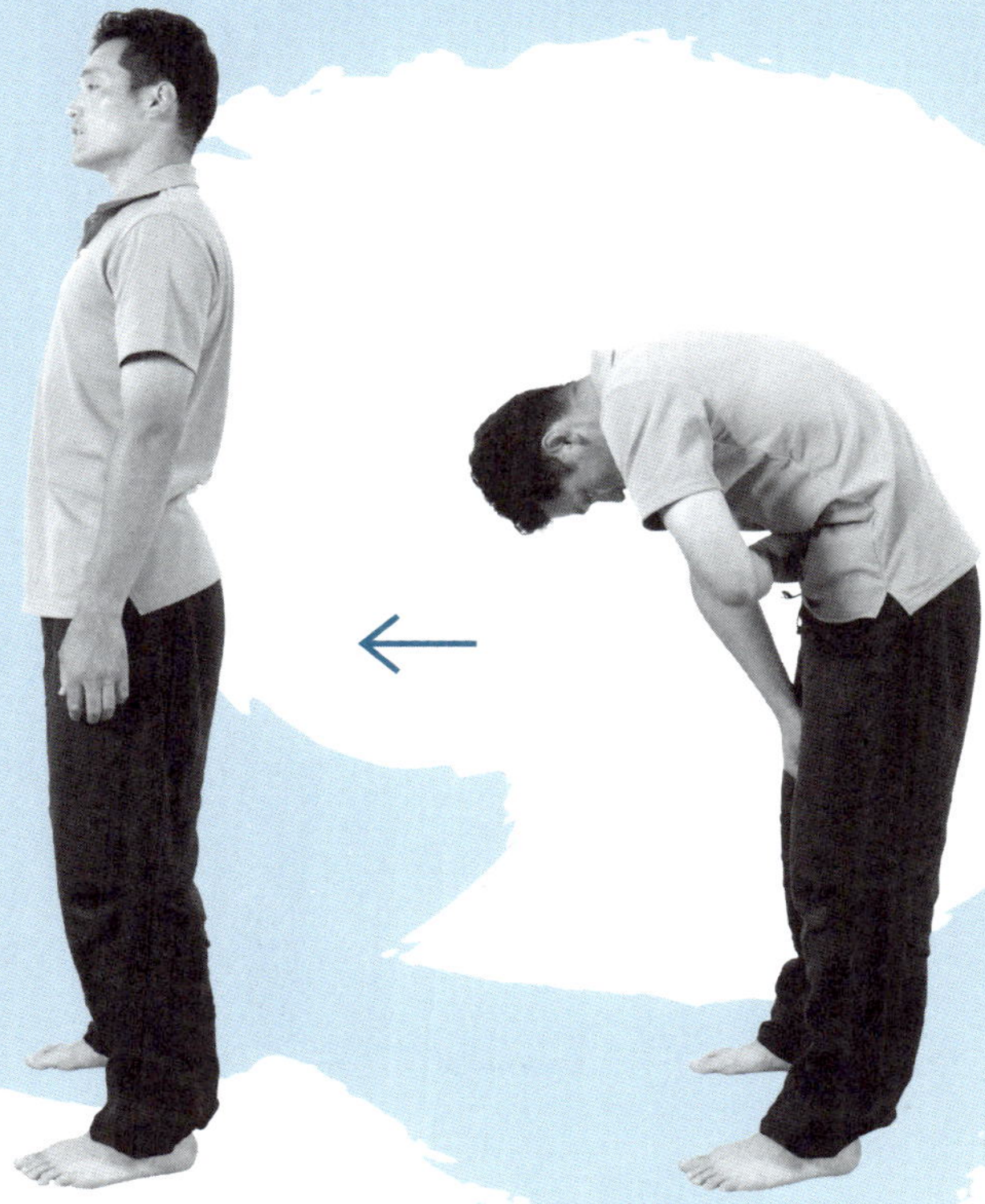

背骨の積み上げをするときに、上に伸び上がったり、下に重心を落としすぎたり、とどちらか一方に偏らないようにする。偏りがあるとふらつきやすく、動ける姿勢とは言えない。

また、地に重心があり過ぎても、お尻が下に落ちてしまい、今度は後ろに倒れやすいような姿勢になってしまいます。

よい姿勢をしようとすると、多くの人は天を意識し過ぎてしまって、上に伸び上がってしまう傾向があるようです。

天と地、いずれかにバランスが偏っていると、どちらの場合もふらつきやすい姿勢になりがちです。せっかく背骨を積み上げて、体幹と足をきちんと並べても重心がぐらついてしまっては、すぐに動ける体勢とは言い難いものです。

地に重心が偏りすぎた例

下＝地に重心を落としすぎた、極端な例。お尻が下り、かかとに重心がかかりすぎている。やや猫背となり、後ろに倒れやすい姿勢になってしまっている。

天に重心が偏りすぎた例

上＝天に伸び上がりすぎた、極端な例。かかとが浮いてつま先立ちとなり、胸を張り背中が反りすぎてしまっている。

体の中で天と地が拮抗するイメージ

天と地、それぞれに偏りすぎた、やや極端な例をご紹介しました。

どちらか一方に偏りすぎると、どうしてもすぐに動ける体勢とは言い難い、逆にすぐにふらついてしまうような姿勢になってしまいます。

そこで、天に伸び上がる力と、地に重心を置く力、それぞれのベクトルが体の中で拮抗するような感覚を持ってもらうとわかりやすいかもしれません。

あえて、下の写真では指で天と地を表現していますが、身体感覚のイメージと思ってください。

常に体に天と地があるようなイメージで、背骨の積み上げから姿勢を作りましょう。

膝の怪我を防ぐ!!

足の小指に力を入れる

どの指に力を入れるかで、膝の向きが変わる

加齢とともに、筋肉や関節が衰えていき、転倒したり、膝を強く打って皿（膝蓋骨《しつがい》）を割ってしまったり、あるいは靭帯《じんたい》を損傷したりするなど、大怪我につながることもあります。もちろん身体的な衰えは加齢によって出てきてしまうことではありますが、適切な体の動かし方を知っていれば防ぐことは可能です。例えば、普段、歩いたり走ったりする際に、足の親指と小指のどちらに力が入っているか（うまく使えているか）もひとつの目安です。

親指に力が入っている例 ×

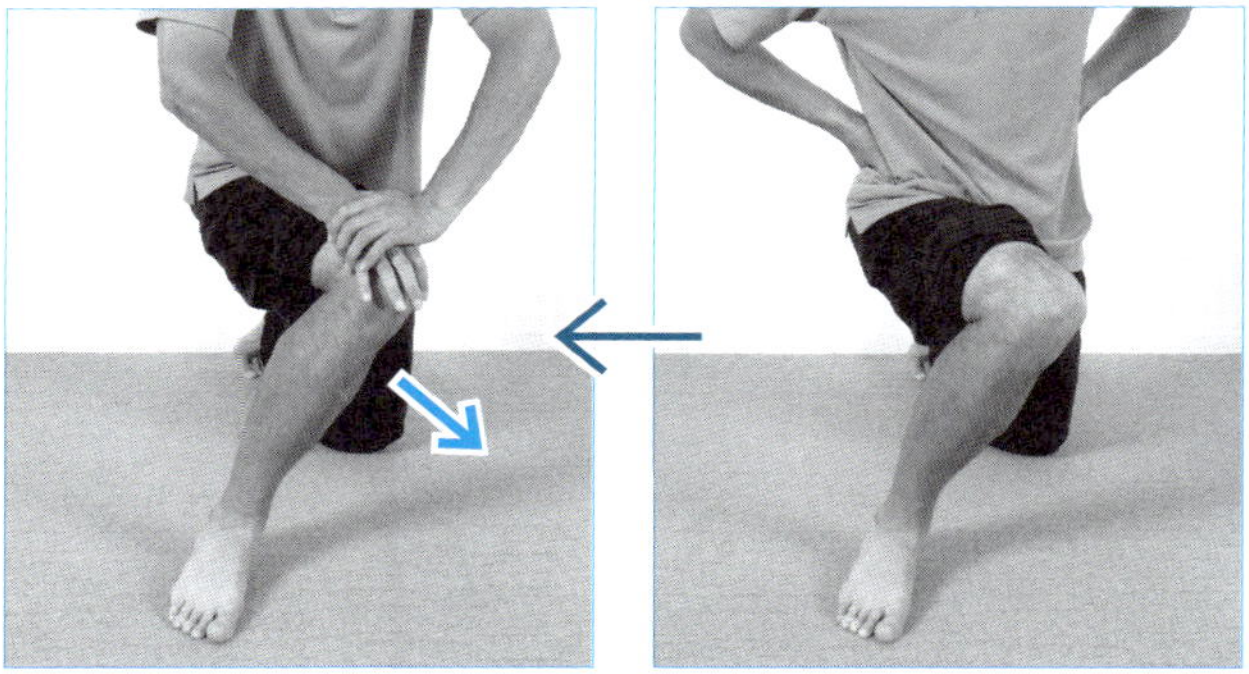

親指に力が入っていると膝は内側を向く。このとき、膝に力を入れると内側に流れてしまい、そのまま膝から地面に落ちる形となる。結果、膝蓋骨の損傷や、踏み切る際に膝をねじってしまい、膝前十字靭帯損傷などにつながる。

小指に力が入っている例 ○

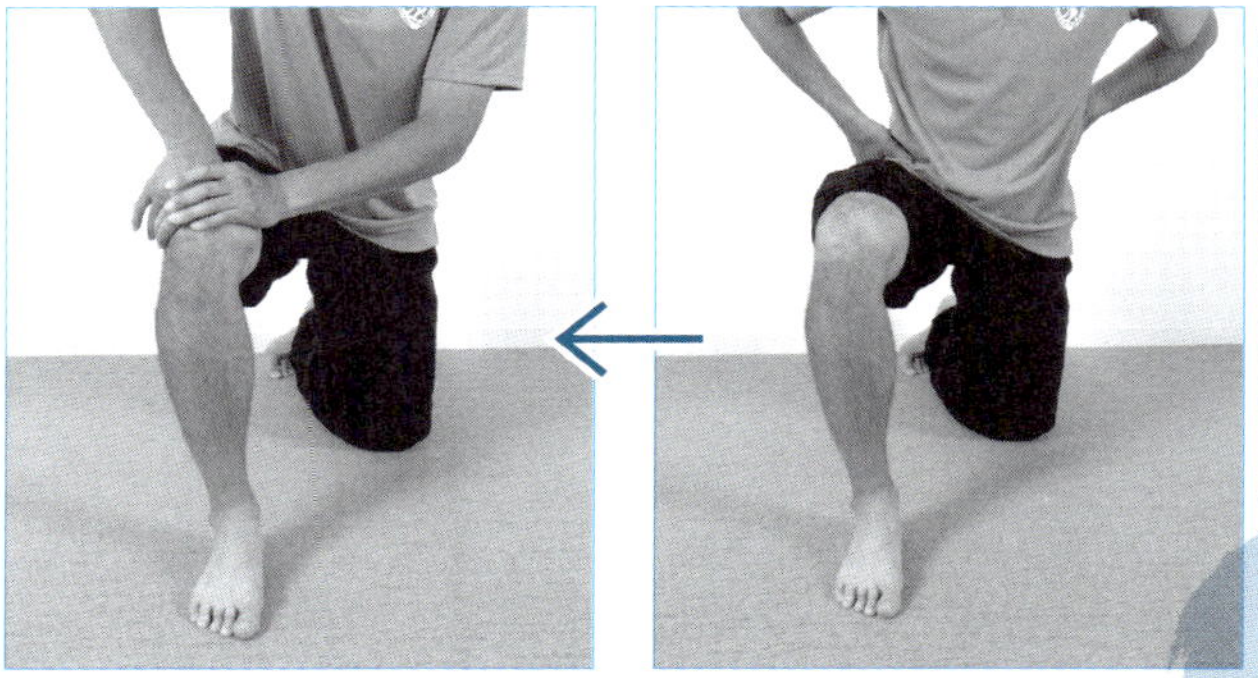

小指に力が入っていると、膝は自然と外側を向く。こうすることで、膝に力をかけても、内側には入らない。膝をねじることもなくなるので、膝の怪我の多くを未然に防ぐことができる。

すぐ動き出せる姿勢になる!!

足指と膝の向き

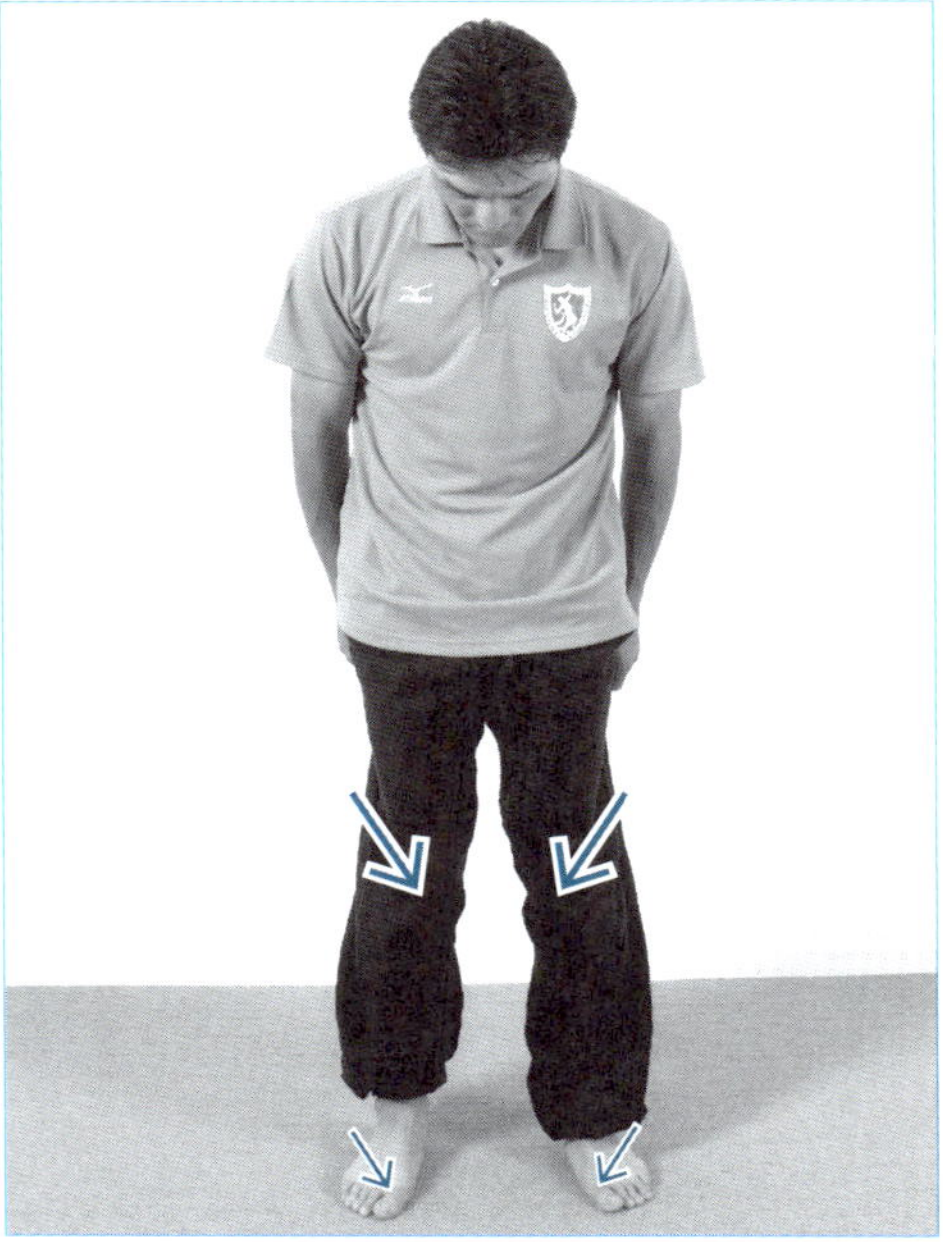

足の親指に力を入れると膝が内側に入る

親指に力を入れて立つと、膝が内側に向く。お尻が下に落ちやすく、どちらかと言うと、体の前進を止めるような働きになる。

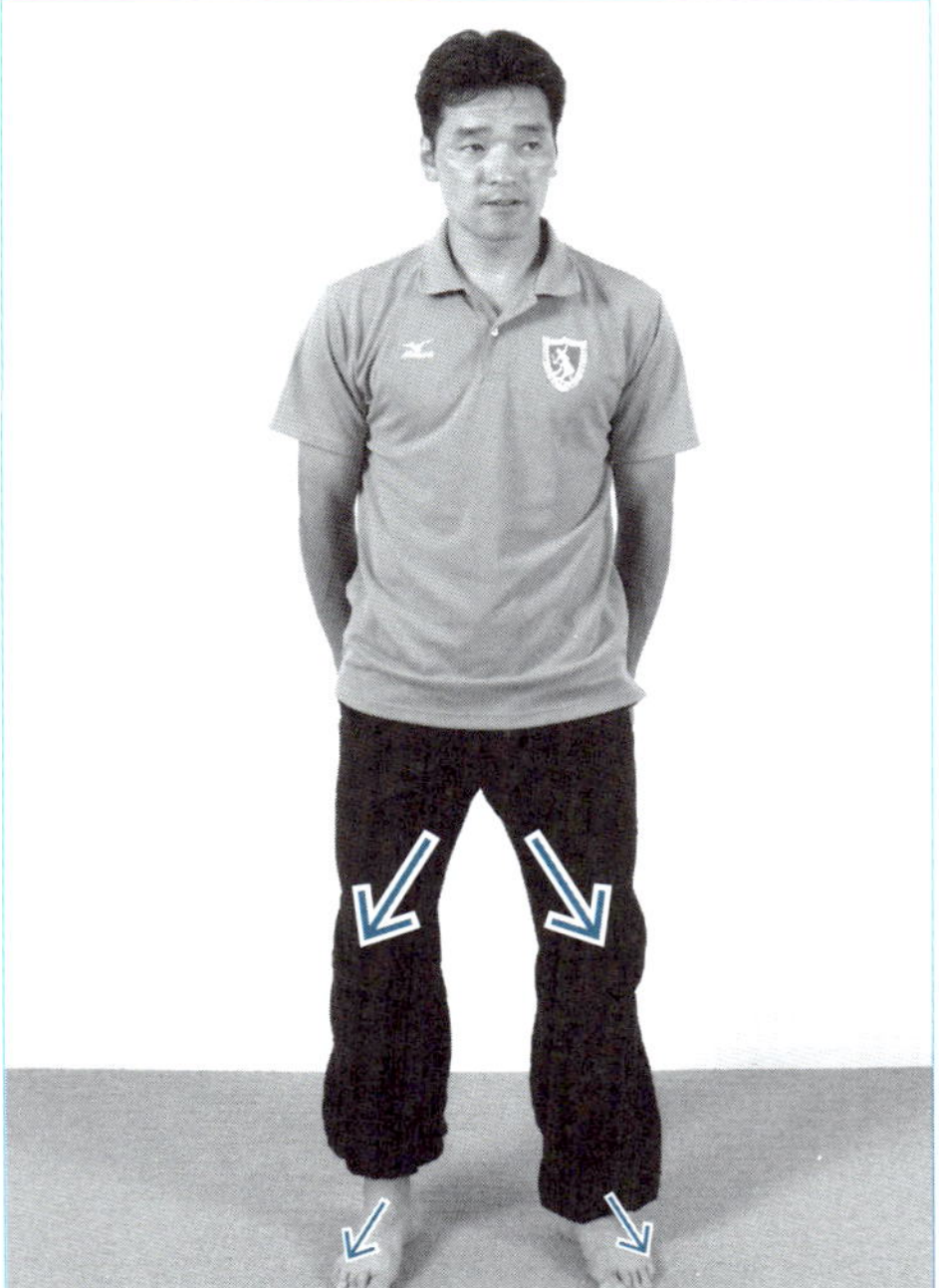

足の小指に力を入れると膝が外側に向く

小指に力を入れて立つと、膝は外側を向く。つま先や土踏まず側が少し浮いているような状態になる。自然と前のめりとなり、前進する力が出しやすい。

親指に力が入ると、体は止まる

足が速い人の多くは、普段から膝がやや前に出ている立ち姿をしていることがしばしばです。しかし、実際に「膝を前に」と意識すると、多くの人がお尻が落ち、膝を曲げて前に出してしまっていないでしょうか。それは、「天と地」で言えば、「地」にしか意識が向いていないような姿勢で、すぐに動き出せる姿勢にはなりません。

また、スポーツ指導の現場では、親指を意識すること、すなわち「母趾球」を意識することがよく説かれますが、これは体にブレーキをかけるような力になります。そのため、親指から地面に着いて歩くと、止まる力を出しながら歩く結果となり、楽に歩くことができません。

親指に力を入れて歩く

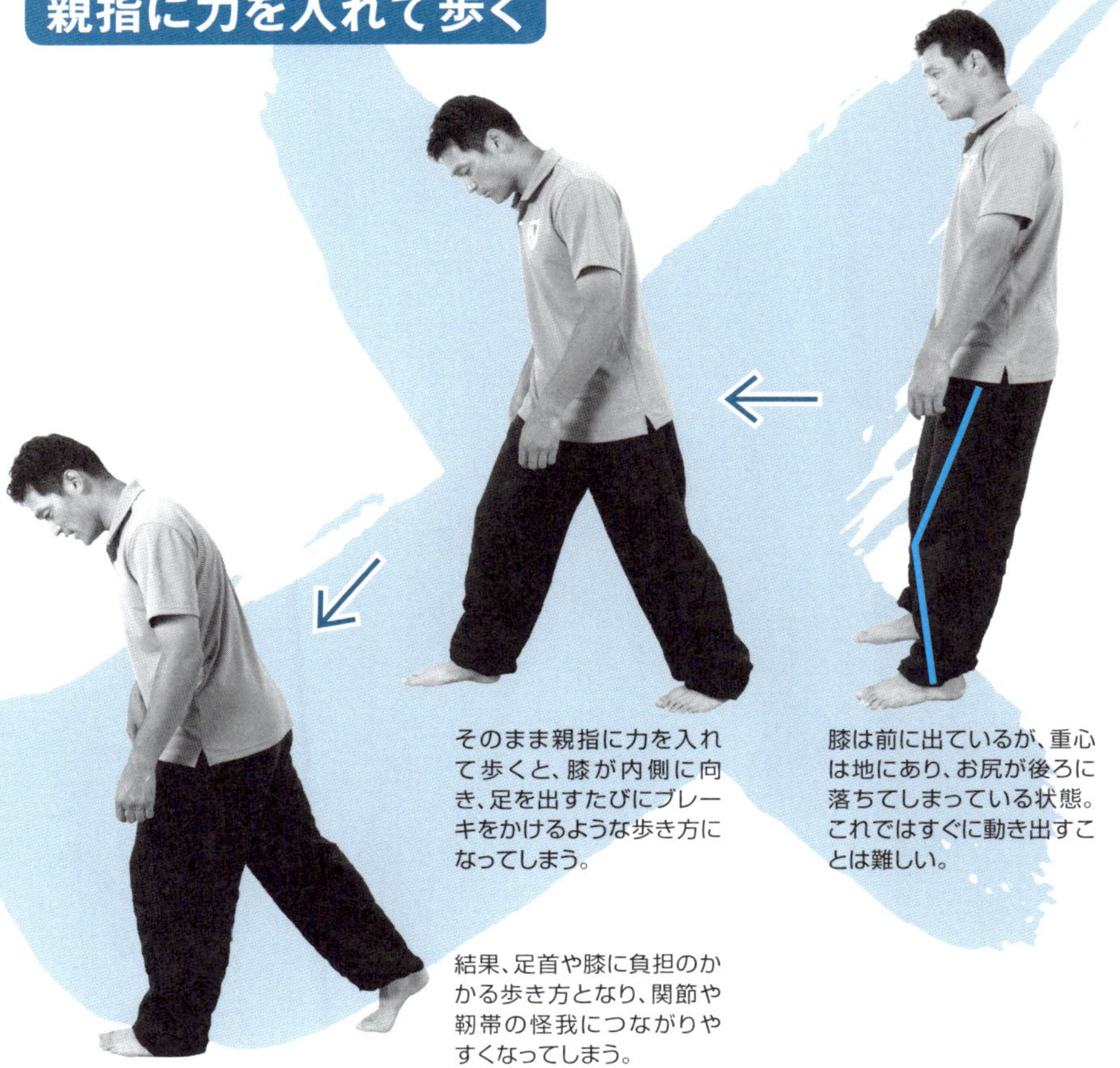

膝は前に出ているが、重心は地にあり、お尻が後ろに落ちてしまっている状態。これではすぐに動き出すことは難しい。

そのまま親指に力を入れて歩くと、膝が内側に向き、足を出すたびにブレーキをかけるような歩き方になってしまう。

結果、足首や膝に負担のかかる歩き方となり、関節や靭帯の怪我につながりやすくなってしまう。

歩き方が変わる!!

足の小指に力を入れて歩く

小指に力が入ると、体は前に進む

前ページで紹介した通り、足の親指に力を入れて歩くと、膝が内側に向き、自然とブレーキがかかるような体勢になってしまいます。

一方、小指に力を入れることを意識して歩くとどうでしょうか。膝は自然と外側を向くため、力が前方に働きます。この場合、基本的に小指は前へと推進させる力が働くと考えるとよいでしょう。自然と前に動くため、歩くのが楽になります。親指がブレーキなら、小指はアクセルと考えていただければよいでしょう。

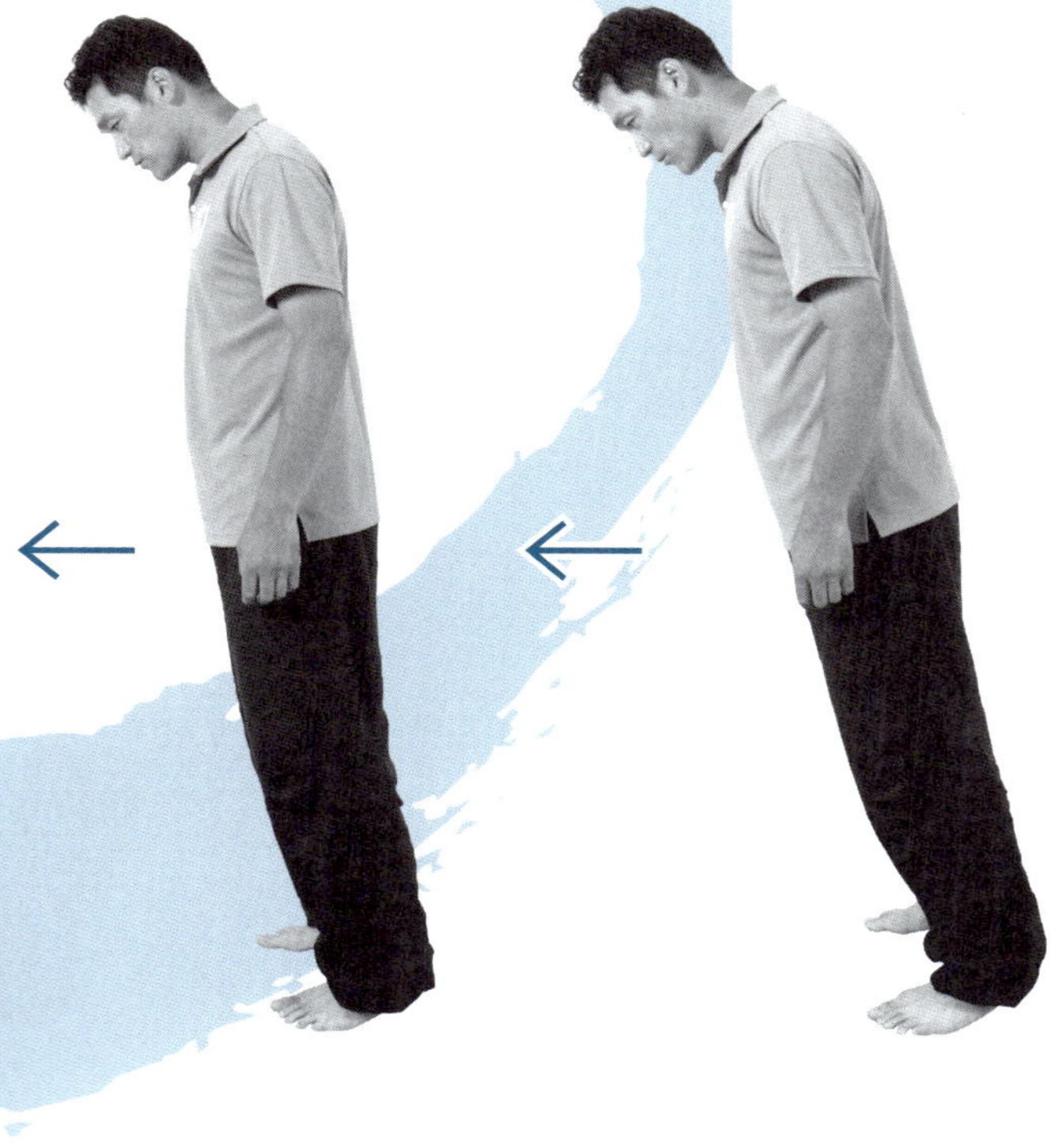

25ページで述べたように、スポーツ指導の現場ではよく親指を意識しろと言われます。しかし、体の動かし方からすると、それは正解の半分です。

もちろん親指も使いますが、それは前に進む動作の最後の最後です。動作の最初から親指だと、それはブレーキなので逆に動作を止めてしまいます。一方、小指だけだと、最後まで地面を押すことができません。ですから、最初に小指、次に親指というイメージを持つとよいでしょう。例えば歩きの場合、感覚としては、小指のほうに意識を置いて接地し、最後は親指で蹴り出すようなイメージです。

これまでのスポーツ指導では、親指＝母趾球側を意識することが中心でしたので、まずは小指を意識することから始めてみましょう。

重い荷物を持つときに意識したい!!

肘の向き

肘の向きと力の向きを揃える

足の指と膝の向きが全身を連動させて力を出すのに関係してくるように、肘の向きと力の向きもまた連動してきます。例えば、普通に立位の状態になると大概の人が、肘自体は内側に向き、肘頭《ちゅうとう》は外を向きます。腕は内側に曲がりますので、力の向きは体の中心線に向かう形になります。肘頭が外を向いた状態で、手が体の前に来るように肘を曲げると、肩のところで力が抜けて、上から押されると支えることができません。肘頭を真後ろに向けると、肘はや

肘が内側向きの場合

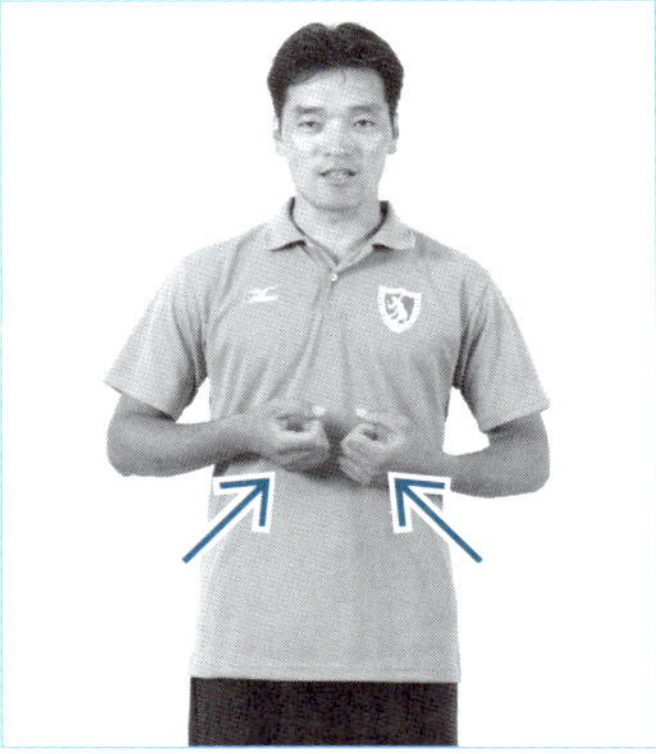

肘の向き＝腕が曲がる向きに力が入る。この場合、斜め上となる。

肘が内側を向き、肘頭は外側を向いた状態。

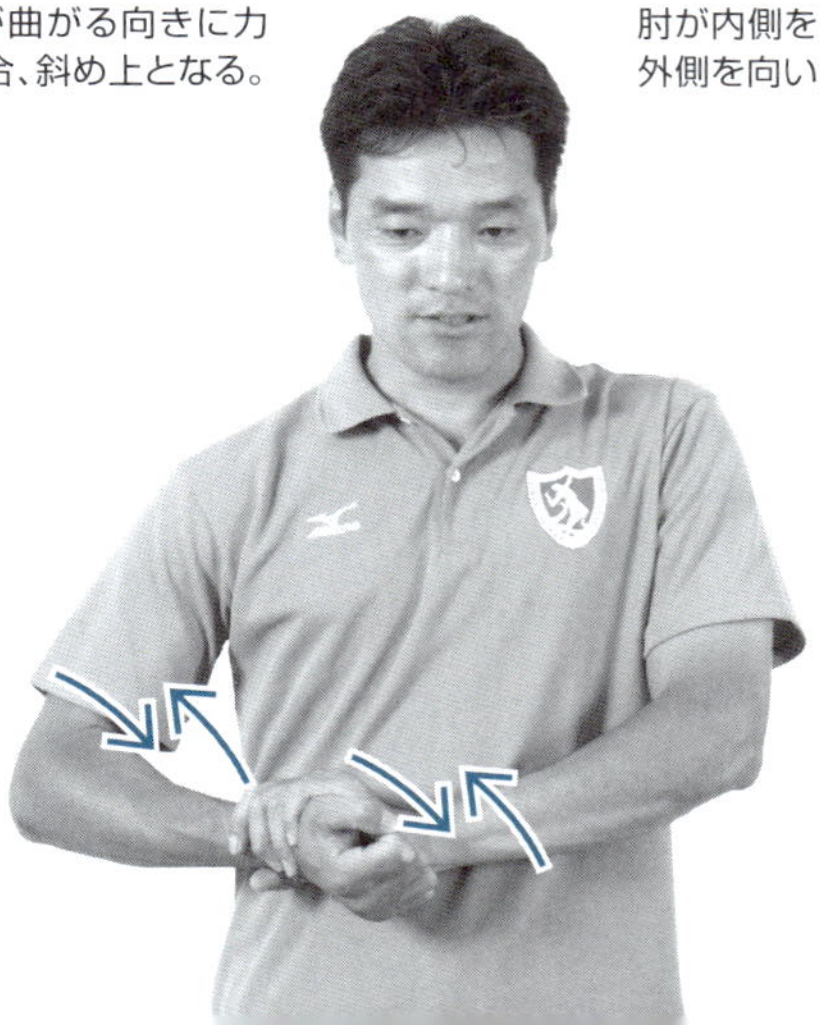

腕が曲がる向きと、腕を曲げようとする向きが一致していれば、大きな力が出せる。しかしこの肘の向きで、まっすぐ上から押されると、うまく力が入らない。

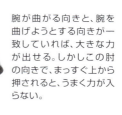

や外側よりの前を向きます。その状態で肘を曲げると、手は体の前方に上がります。これなら、上から押されても肩にしっかり力が入り、腕はびくともしなくなります。つまり、肘の向き＝腕が曲がる向きと、力の向き＝腕を曲げようとする向きが一致しているときに、最も大きな力を発揮できます。物を持ち上げるときに、より大きな力を出したいのであれば、肘の向きと力の向きをきちんと揃えてあげるとよいでしょう。

逆に肘の向き＝腕が曲がる向きと、力の向き＝腕を曲げようとする向きがずれてしまうと、大きな力を出すことができません。

腕が曲がる向きと腕を曲げようとする向きを一致させること。これは感覚的なものですが、きちんとイメージすると驚くほど力の入り方が変わります。

肘が外側向きの場合

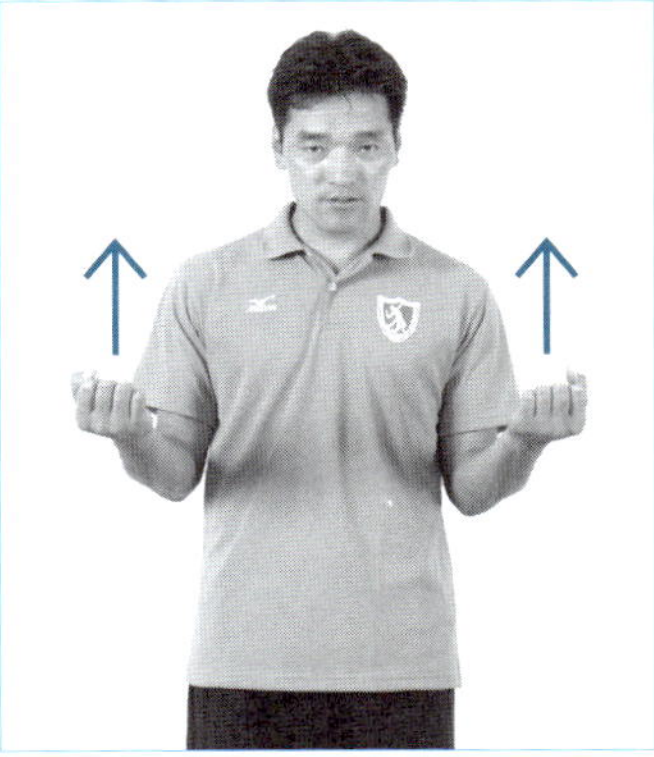
肘の向き＝腕が曲がる向きに力が入る。この場合、上向きとなる。

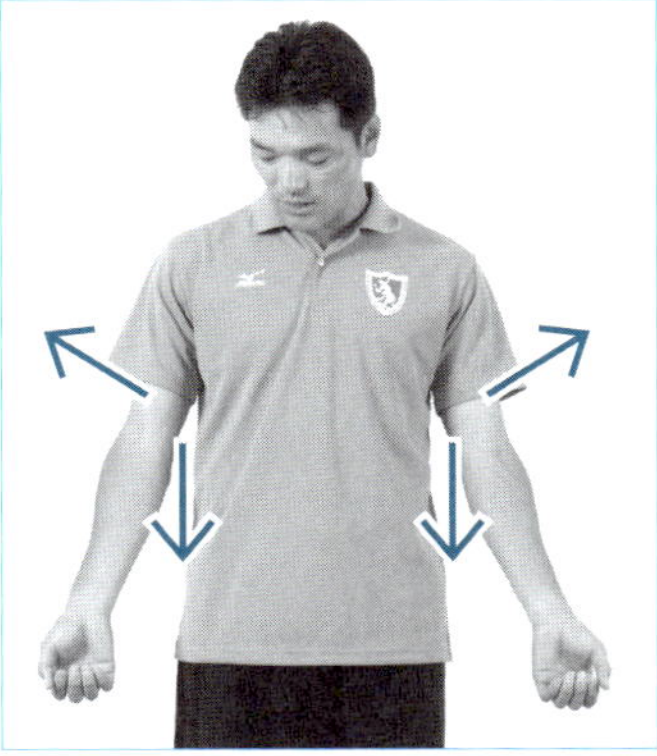
肘がやや外側を向くと、肘頭は真後ろとなる。

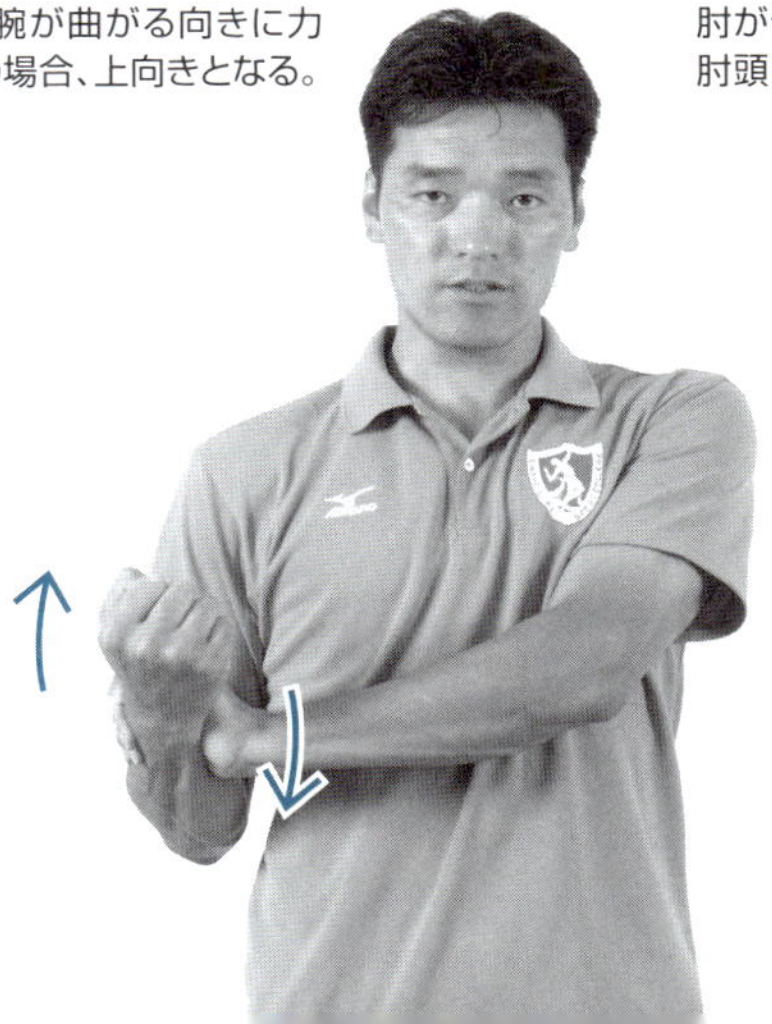
手が体の前方に上がるような肘の向きであれば、上から押されても大きな力を出すことができある。

骨盤をうまく動かす!!

膝の向きと座り方

膝が内側を向くと骨盤がうまく動かない

前ページで紹介した肘と同じことは膝の向きと動かし方にも言えます。膝の曲げ伸ばしは、基本的には上下移動の力ですが、親指に力を入れ、膝が内側を向いている場合には、適した力を発揮できません。膝が内側に入ることで、足が一列に並ばず、そこで力が逃げてしまうのです。力の向きと曲げる向きが一致することで、十分な力を出すことができます。

　また膝が内側に向いた状態は、多くの動作に支障をきたします。例えば、下の写真にあるように、親指に

膝が内側を向いている場合

前

横

力を入れ、膝が内側に向いている状態で、膝の曲げ伸ばし（屈伸）をやってみましょう。

途中まではお尻が下がりますが、ある一定のところで下にいかなくなります。骨盤が途中で止まってしまい、これ以上は屈伸ができません。足が胸の前で詰まってしまうような感覚になります。太ももの前側に負荷がかかるような体勢です。33ページで説明するように、これは、現代の日本人に多い姿勢です。

膝が内側に向いてしまうと、骨盤や膝が本来持っている動きを活かしきれず、可動域を狭めてしまいます。

膝が内側に入った状態で座ろうとすると、ある一定のところで骨盤が動かなくなり、お尻が止まってしまう。このとき、大概は足の親指、または足の内側に力が入っていることが多い。

膝が外側に向くと一番楽に座れる

今度は逆に、膝が外側を向いているとどうでしょうか。

親指に力を入れるのではなく、小指に力を入れることを意識してみてください。すると膝は自然と外側を向きます。

膝の向きをキープして、そのまましゃがんでみてください。すると、膝が内側に入っていたときとは違って、途中で骨盤が挟まることなく、お尻が下まできちんと下がります。膝も十分に曲げることができます。前からと横からの写真を、前ページの膝が内側に入ってしまった場合の写真と見比べてみてください。その違いの大きさに気づくことでしょう。体の感覚としても、太ももの後ろに負荷がかかるような体勢です。

膝が外側を向いている場合

前

横

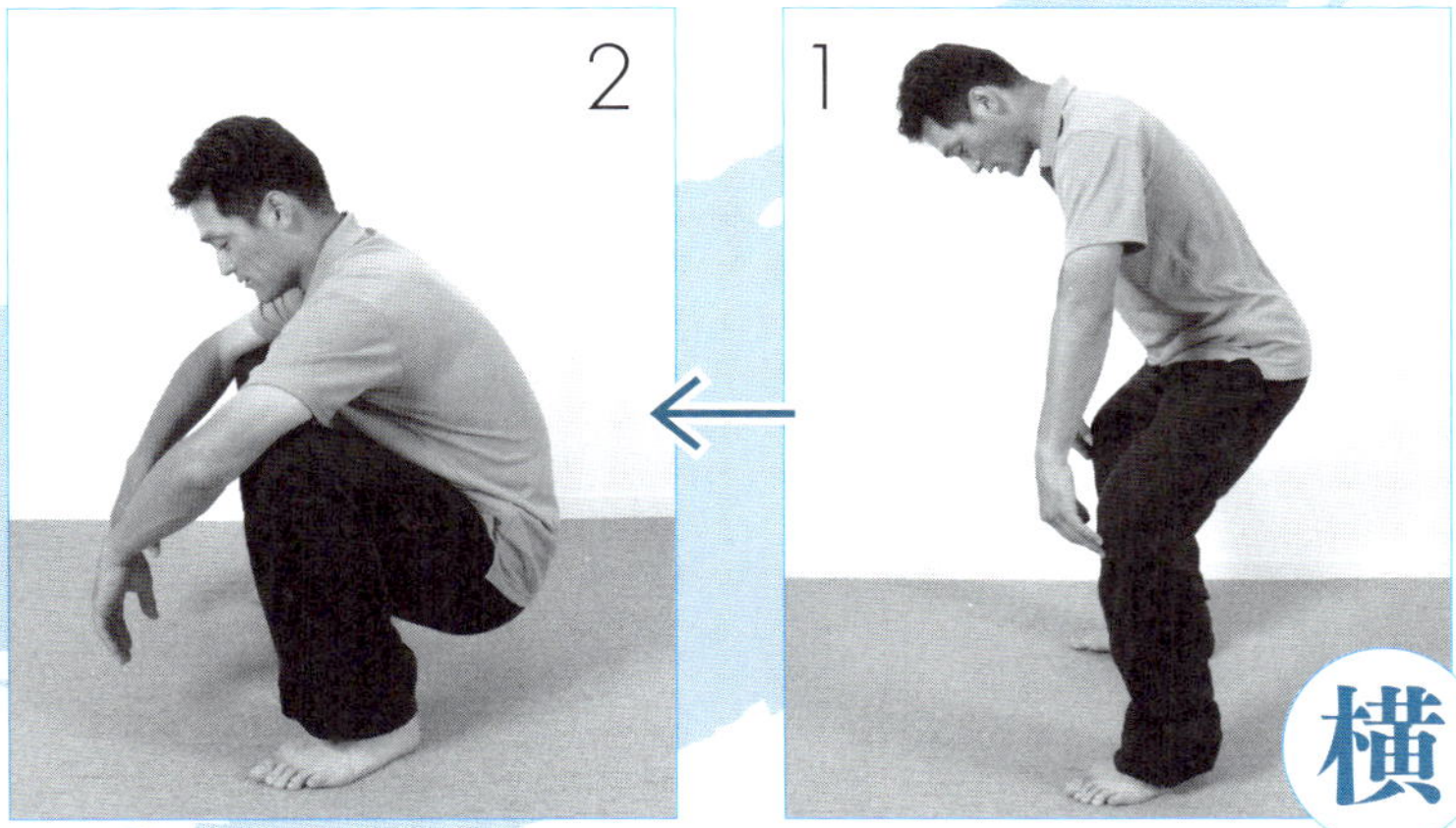

立位の状態からそのまましゃがむには、膝が外側を向いていることが、一番楽な姿勢と言えるでしょう。

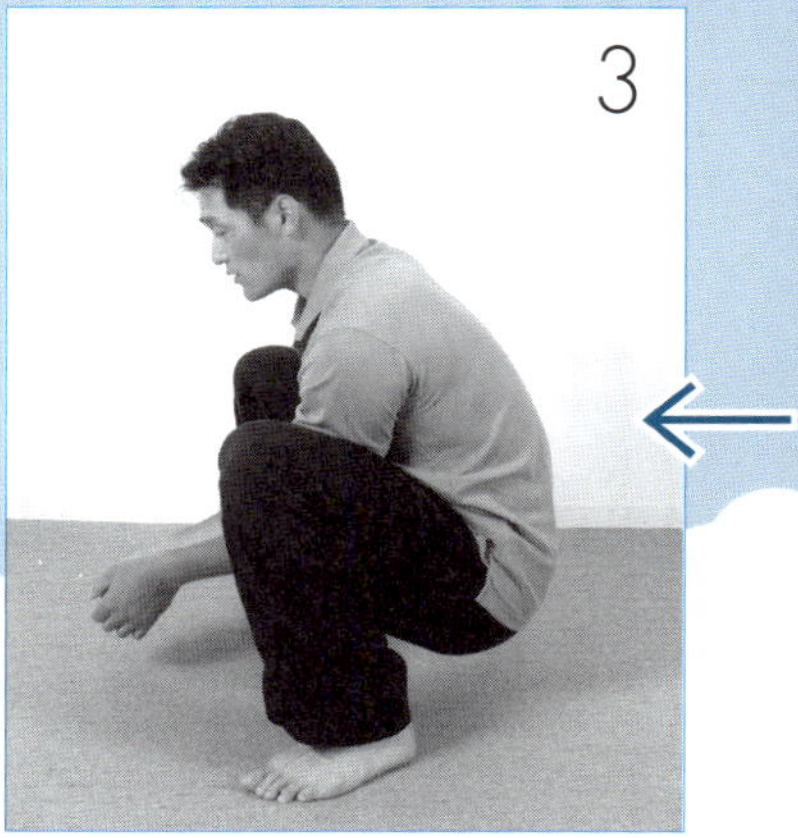

和式トイレと洋式トイレ

かつて日本の大半の家庭で、トイレは和式でしたが、膝が内側に入った状態だとしゃがむのが大変で、足もしんどくなるため、結果、用を足せなくなります。現代の日本人の多くは和式トイレをうまく使えないそうですが、それは膝が使えなくなったことが一番の原因とも言えます。しかし、膝が外側を向いていると楽にしゃがむことができ、それを維持することもさほど苦ではありません。

膝が外を向いてしゃがみきった体勢は、一番踏ん張れる体勢でもあり、現在、ヨーロッパでも洋式トイレに足置き台を設置している場合もあります。ここに足を置くと膝が骨盤よりも高い位置に来て、ちょうど、右の写真のように膝が外側に向いた姿勢になります。こうすると一番体幹に力を入れることができるため、楽に用を足すことができます。

足の指を意識した
歩き方

親指中心の歩き方は足に負担が大きい

歩くという動作を、普段から私たちは何も意識せずに行うことができます。しかし、意外に体に負担をかけた歩き方をしてしまっている場合もあります。

例えば、本章で繰り返し説明している通り、親指に力が入ってしまっている場合です。極端な例で言うと、地面に小指がつく前に、親指だけがついてしまっているような状態です。こうなると、小指が地面から浮いてしまいます。着地後に早い段

親指はブレーキ

親指に力が入ったまま歩くと、軽やかに歩くことはできない。常にブレーキをかけながら歩いている状態のため、膝や足首にも負担がかかる。

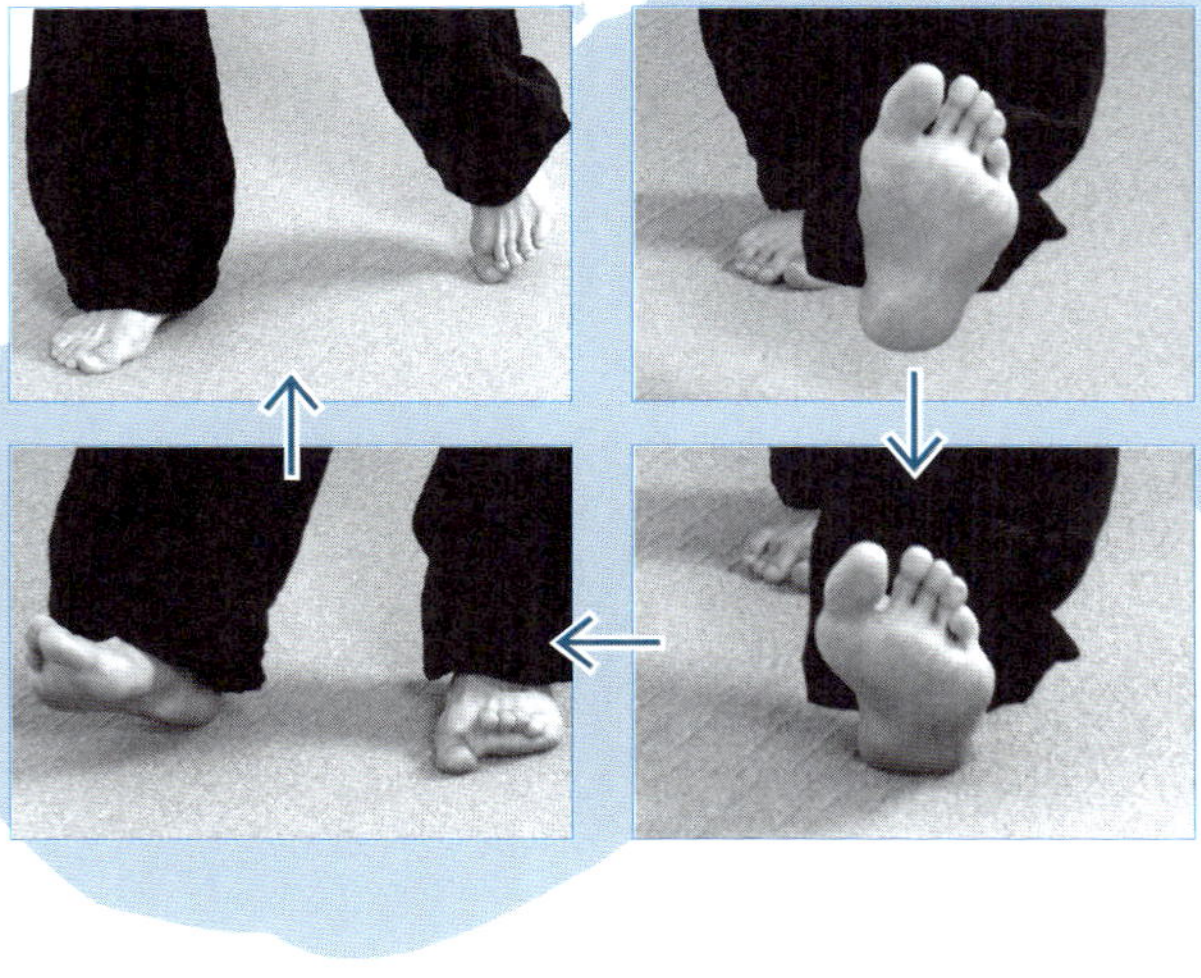

かかとから着地している場合

かかとから着地して歩くと、ベタ足のような重い足取りとなる。これも、膝や足首に負担がかかりやすくなる。

階で親指側に力が入ると、膝は自然と内側を向き、前に進もうとする体の動きに対して、力の方向としてはブレーキのように作用します。

結果、膝が内側に入るので、内股で歩いているようなイメージとなり、一番膝に負担がかかるような歩き方になります。

また、スポーツ指導の際には、「かかとから地面に接地し、つま先で蹴り出す」という動作を教えることがあります。

しかし、これはベタ足のように重い歩き方となり、膝や足首に大きな負担となります。

また、かかとから着地するためブレーキが大きくなり、そのぶん、無駄な動作をしてしまうことにもつながります。

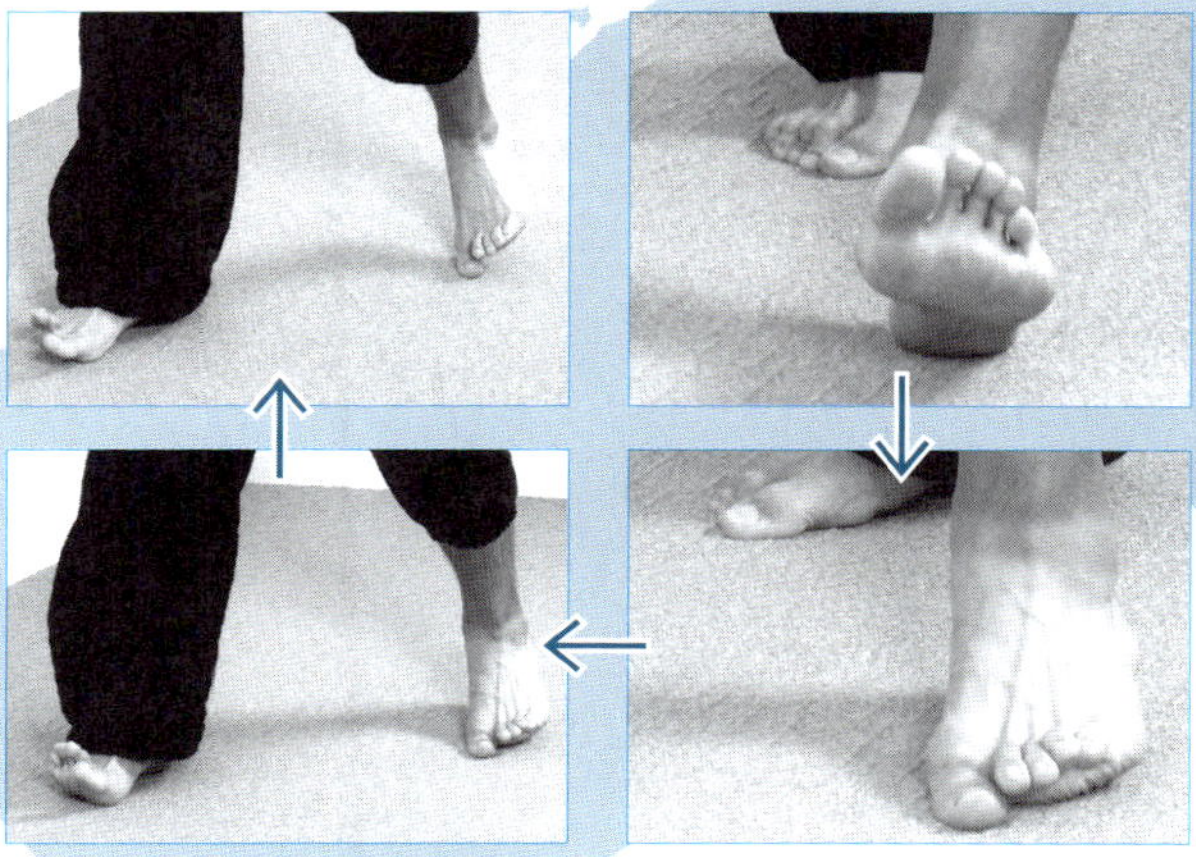

小指を浮かせている場合

ほとんど小指が地面から浮いているような、極端な例。膝が内側に入るので、内股で歩いているような状態となり、膝に負担がかかる。

地面との着地は小指を意識する

歩き方の基本的な動作は、背骨を積み上げ、天と地のバランスが保たれた状態を作ることから始めます。この状態から、そのまま体を前に傾けると、倒れないように足の親指に力が入ると思います。その親指の力をすっと抜くと、体はさらに前へと倒れ、転ばないように足が勝手に前に出てきますので、自然かつ楽に歩くことができます。

この場合、注意したいのは、親指に力を入れたまま歩かないこと。親指の力を抜いて、小指のほうを意識して歩いてみてください。体が前方に進んだ際に小指に力を入れると、足が前へ出ていくので、それを続ければ自然と軽やかに歩けるようになります。

小指はアクセル

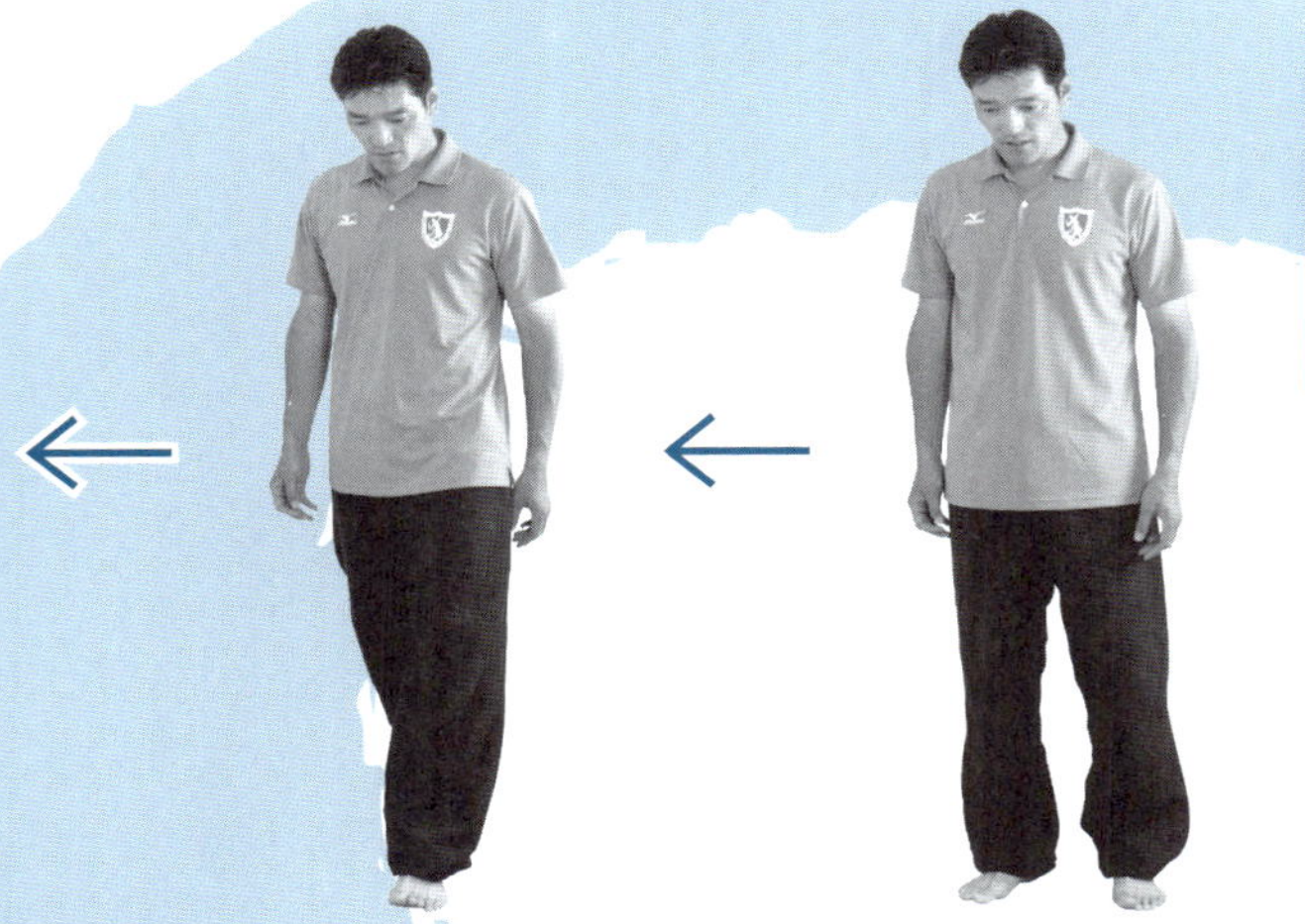

小指に力を入れて歩く

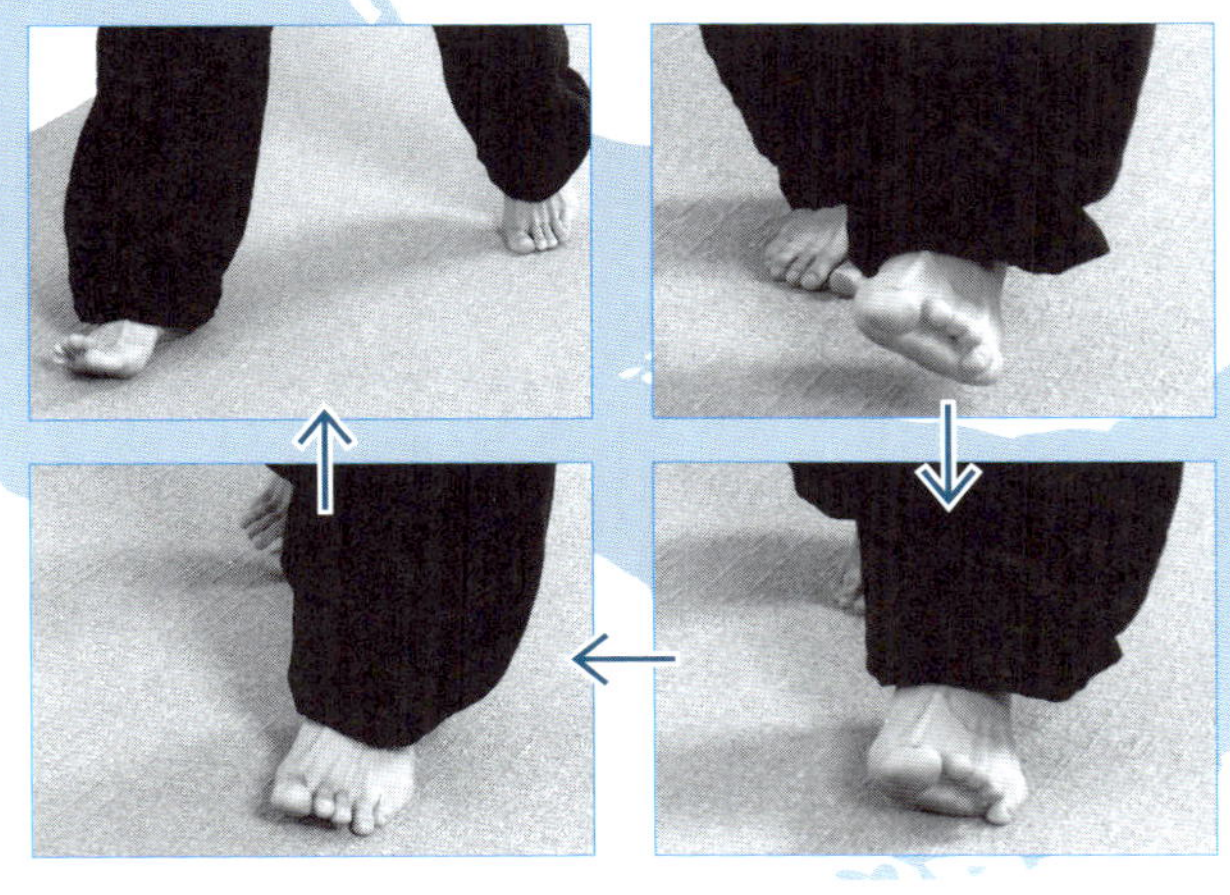

足の親指に力が集中していると楽に歩くことができない。逆に小指に力を入れて歩けば、自然と足が前に出ていく。小指に力が入れば、膝もやや外側に向くため、膝の負担も軽減する。

イメージとしては小指側、つまり足の裏の外側で最初に地面に着地しようとする感じです。本章で紹介した通り、親指はブレーキ、小指はアクセルと覚えてもらうとよいでしょう。小指に力を入れると膝は外側ないし前を向き、内側には入りません。そのため膝への負担も軽減されます。

もちろん前述した通り、小指だけでなく、きちんと親指を使うことも大切です。最後の最後に地面を蹴り出すときは、親指も含め、指全体で地面を蹴り出します。ただ、スポーツ指導の際には親指を強調することが多く、結果、歩く動作の最初から親指になってしまうと、ブレーキをかけ続けることになります。

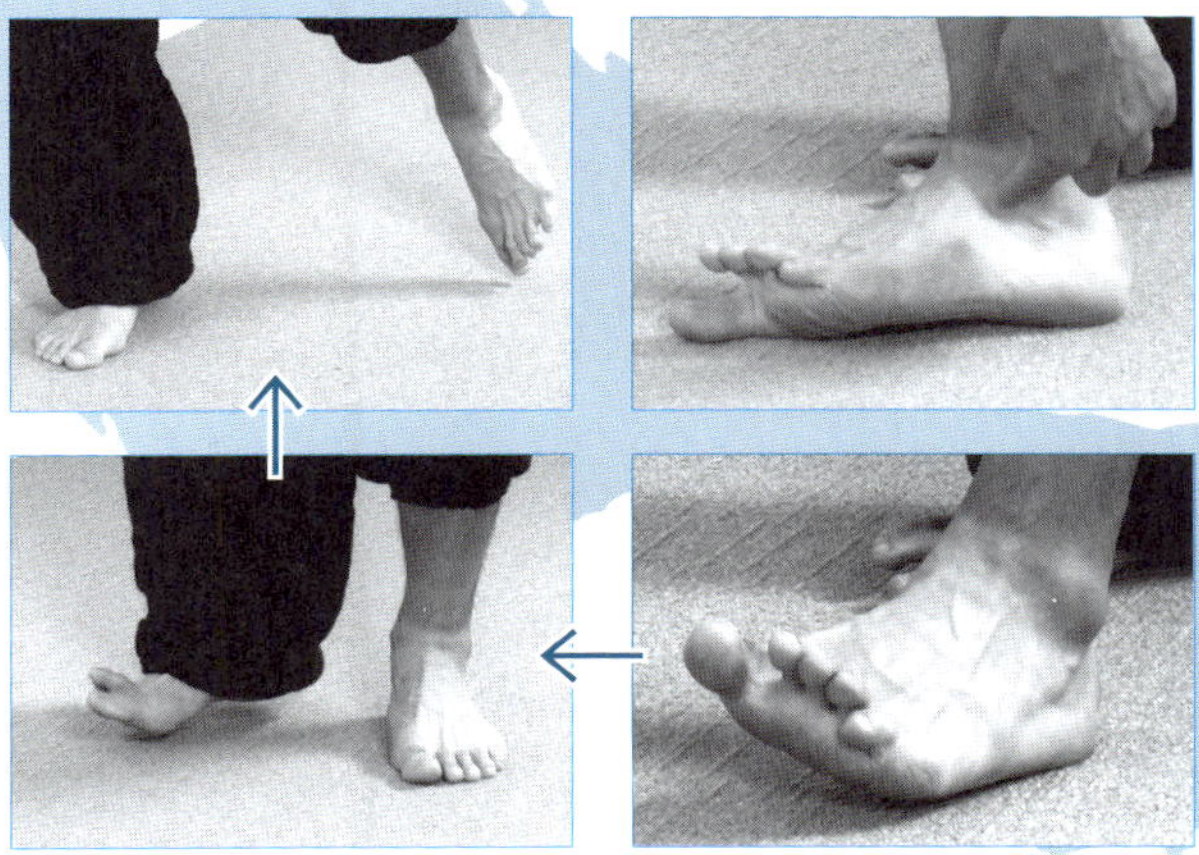

小指側から着地することを意識

足の親指側＝つま先で地面に着地するのではなく、小指側＝足の裏の外側で着地するイメージ。こうするとつま先で着地するよりも、地面からの反発を受け止めやすく、前進する力に回すことができる。

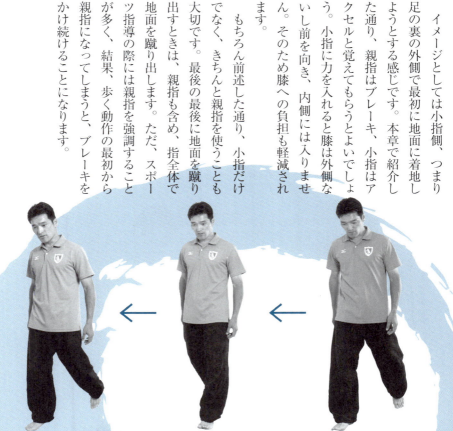

足の指を意識した走り方

小指側を意識した軽やかな走り方

スポーツ指導の際には、しばしば親指を意識することを強調されます。そのため、小指側はおろそかとなりがちです。

実際に親指＝母趾球＝つま先側に力を入れて、かかとを浮かして立った状態から、その場でジャンプしてみるとどうでしょうか。あまり、軽やかなジャンプにはならないのではないでしょうか。地面から素直に力をもらってジャンプするのではなく、自分で膝を曲げてジャンプしているような感覚です。結果、膝に負

つま先（親指）のみでジャンプ

親指＝母趾球＝つま先側でジャンプした際には、地面からの力が膝下で途切れてしまい、うまく体に伝わらない。結果、膝だけでジャンプするような形となってしまい、重い跳ね方になる。そのぶん、膝にも負担が大きい。

担をかける重そうなジャンプになります。

今度は小指側を意識し、足の裏の薬指のつけ根くらいを地面につく感じでジャンプしてみるとどうでしょうか。この状態でジャンプすると、一番地面から力が返ってきますので、膝を曲げなくても、自然かつ軽やかに跳ねることができます。走る際に意識してもらいたいのはこのイメージです。

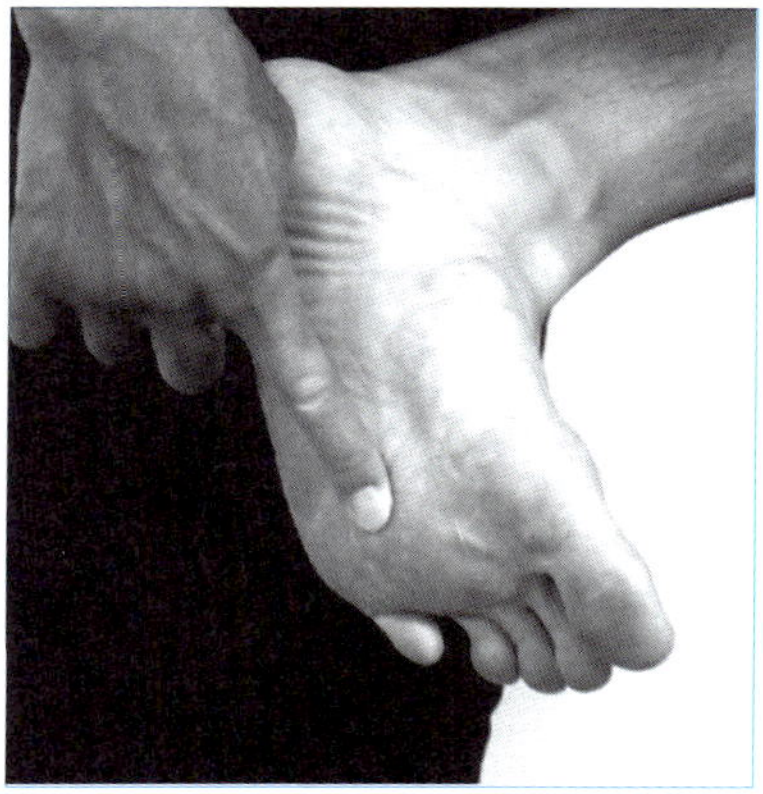

歩く場合と同様、走る場合も小指側を意識する。母趾球ではなく、小指側=足の裏の外側から地面につくことをイメージするとよい。

薬指のつけ根(小指側)でジャンプ

かかともつま先も浮かすようなイメージだと、母趾球は地面につかない。小指側=足の裏の外側のみが地面についているような状態。この状態のままジャンプすると、地面から返ってくる力を全身で受けられるので、軽やかに跳ねることができる。この感覚のまま、走ることが重要。

よい走り方の例

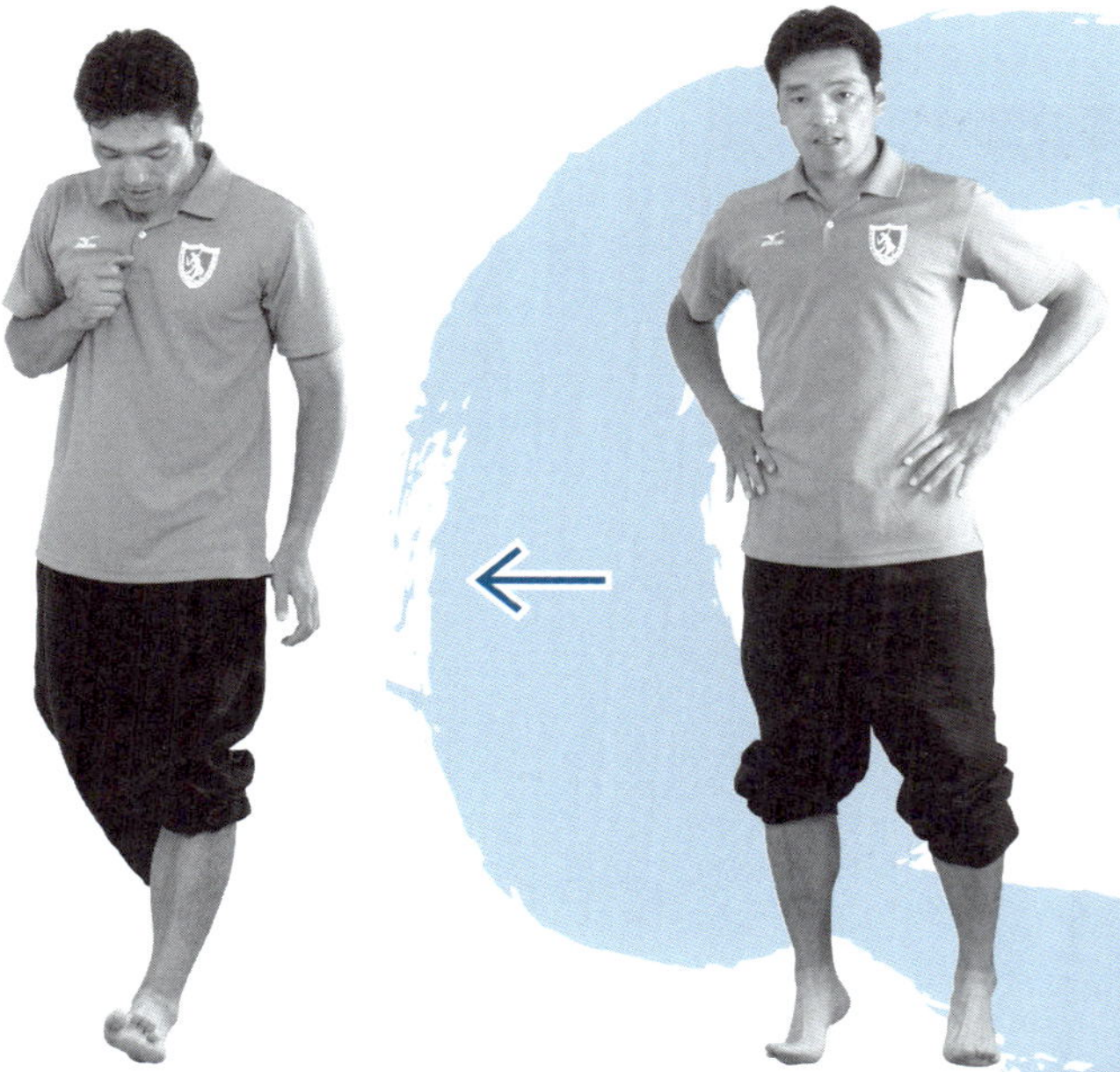

そのままの状態から、体を前へと倒すと、自然と走れる。地面との接地は、小指が最初。

かかと、つま先を浮かし、小指側（薬指のつけ根）でのみ、地面に接しているような状態を保つ。

悪い走り方の例

地面からの力をうまく受け取れず、足首と膝をいっぱいに使って走るようなイメージ。

親指＝母趾球に力が入ったような状態。ペタッと足の裏全面が地面に着いてしまうようなイメージで走ることになる。

「かかとをついて走れ」という指導のカラクリ

　今でもスポーツ指導の現場では「かかとから入れ」としばしば言われます。結論から言うと、あまりよいとは言えません。かかとから入ってしまうと、ベタ足のようになり、重い感覚で走ることになります。すると、地面からの力をうまくもらえず、膝や足首に大きな負担をかける原因となります。

「かかとをついて走れ」と指導している方も、実際に自分が走ってみると、かかとが最初についていないことが多いです。軽やかに走っている人は、かかとをつきにいきながらも、実は小指側で地面を受け止めています。こうすると、体が前に回転するようなイメージになるため、そのまま前方への推進力がつき、速く走れるのです。

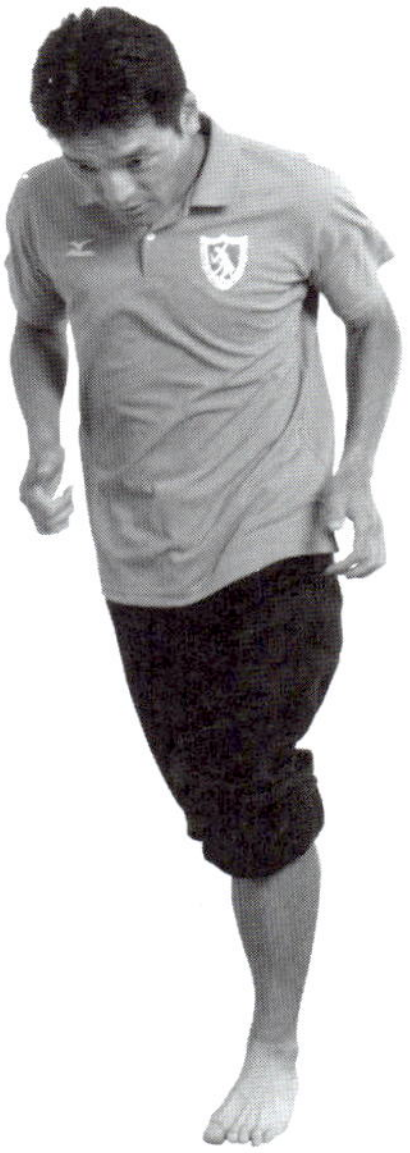

小指で地面からの力を受け取り、跳ねるようにして、最後に親指で蹴り出すイメージ。

重い走り方となり、結果的に足首や膝により負担の大きい走り方となる。

COLUMN 01

元プロ野球投手・桑田真澄選手も実践

古武術を野球に活かす!!

逆手抜飛刀打が野球の牽制球に!?

監修者の高橋佳三先生が師事する甲野善紀先生は、プロ野球選手（当時）の桑田真澄氏を指導した際、古武術における逆手《さかて》抜《ぬき》飛《ひ》刀打《とううち》を披露し、これを野球における牽制球の動作に応用されたそうです。斬り合いの相手がすでに刀を抜いて対峙《たいじ》してきた際に、相手の突きを避けながら、瞬時、刀を抜き反対に突きにいける動作です。うまく膝を抜き、尻もちをつくように後ろに下がって、その間に刀を抜くという動作になります。この動作を野球の牽制球に活かすと、反動が必要ないため、相手に牽制の動きが読まれづらく、かつ早くボールを投げることができます。

第2章

カラダの動きを取り戻す

自分のカラダの動きを知ろう!!

本来の体の動かし方を習得する

体の故障や怪我を未然に防ぐには、柔軟性のある体が有利だとされますが、そもそも体の柔らかさ、硬さとはなんでしょうか。筋肉や筋の柔軟性とも言えますが、ここでは、その前段階として、体の動かし方に注目していただきたいと思います。例えば、読者の皆さんは、前屈や開脚をする際に、どのような体の動かし方をしているでしょうか。

第1章では、背骨の積み上げや足指と膝の向きについて紹介しましたが、基本の姿勢は同じです。筋力トレーニングなどをする前段階として、体の動きを整えることが重要です。第2章では上半身と下半身とに分けて、体本来の仕組みに合わせた動かし方を学び、体に無理のない本来の動きを習得していただければと思います。そうすれば、無理な体の動かし方から来る不具合（肩こりや腰痛、膝の痛み）などを防ぐのにも効果を発揮してくれるでしょう。

前屈

開脚

次ページからは、自分の体の動かし方、とりわけ重要な足指と膝と骨盤の使い方を知るために、前屈と開脚による自己診断のチェックポイントを紹介する。どの部分がどのように機能し連動しているのか、注目してみよう。

前屈のチェック

前屈のレベルを4段階でチェック

まず自分がどんな動きをしているか、前屈でチェックしてみましょう。一番よいのは、Ｌｖ４の掌《てのひら》が全て床についている状態です。次にＬｖ３の手の指が全部床につくかどうか。次に、Ｌｖ２の指先が触れるかどうか。そして、最後、一番うまく体が使えていないのが、全く床に触れないＬｖ１の状態です。

自分がどのＬｖなのか、どんな体の動かし方をしているか、しっかり確認してみてください。次ページから前屈をする際の体の動かし方の悪い例とよい例を紹介します。

掌はおろか、指先も床に触れることができない状態。

指先で床に触れることはできるが、指の腹や掌まではつかない状態。

手の指は全て床につくような状態。掌まではつかない。

掌全体が床につくような状態。

前屈の悪い例

「膝を伸ばして前屈」は「体力測定の呪い」

前屈の際に手が床に触れないのは、体の柔らかい硬いという前に、別の理由があります。これは第1章でも説明したように、足の指と関連しています。

親指に力が入り、膝が内側に入っていると、股関節自体も内側に力が入ってしまいます。そうなると、骨盤が前に倒れなくなり、お腹のところで曲げているようなイメージとなり、下まで曲げることができなくなります。これは前屈をする際、多くの人が小学校でやったような体力測定のときのやり方で、前屈をしてし

前

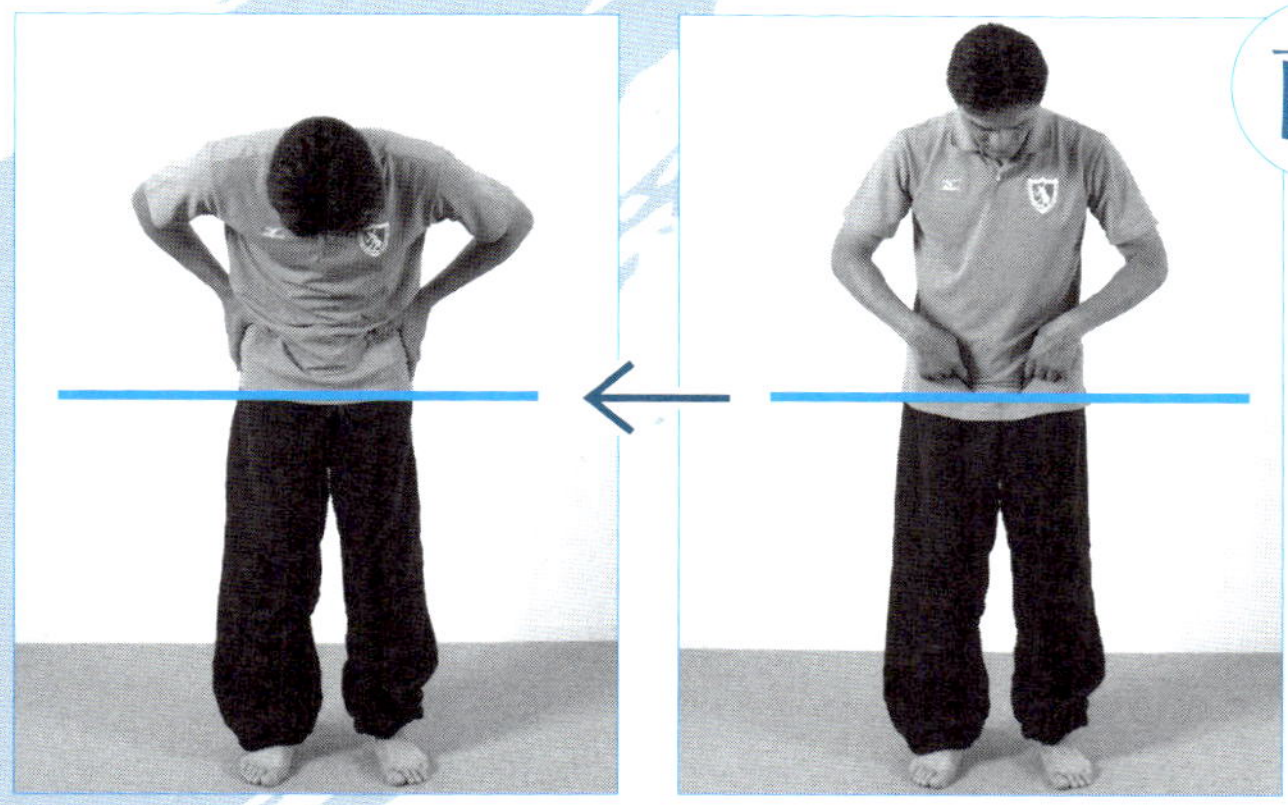

横

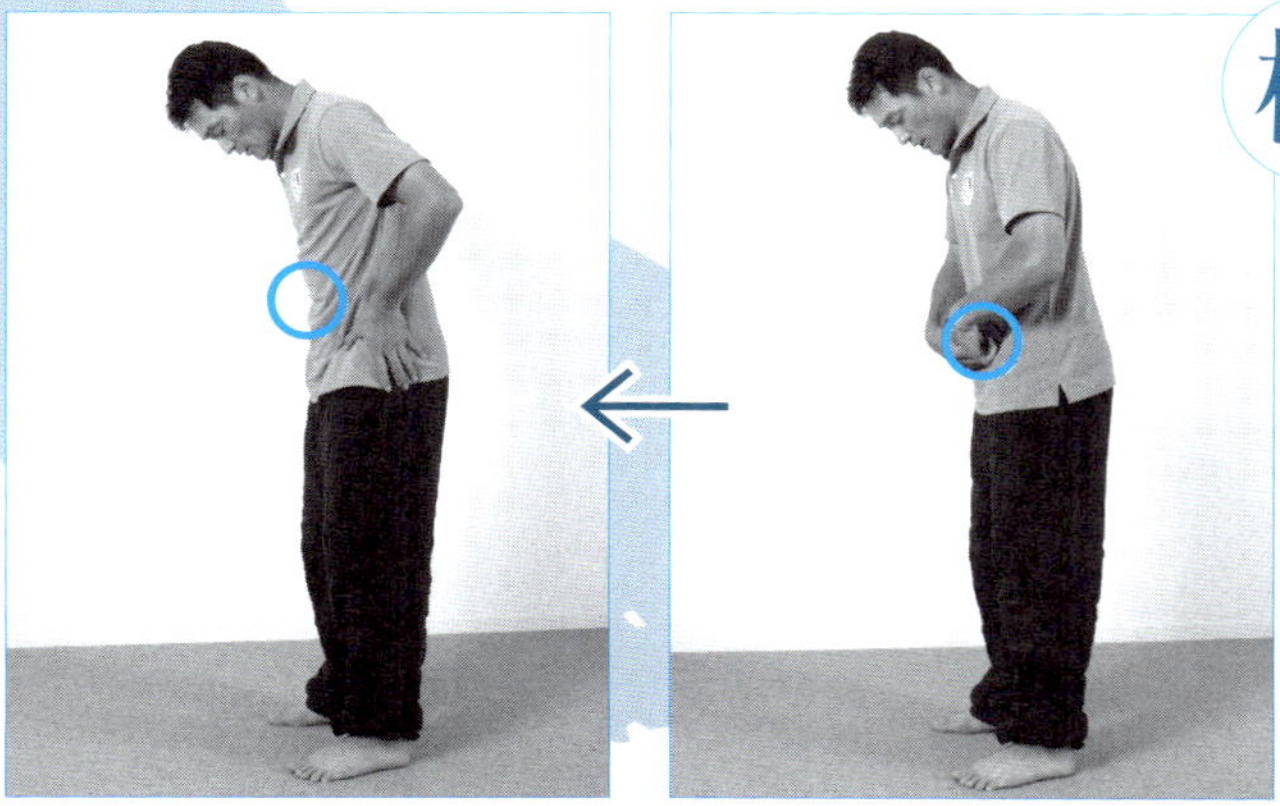

まっているからです。

体力測定では膝を伸ばして前屈するよう指導されます。膝が伸びたことによってお尻が後ろに下がってしまい、骨盤と股関節が固定されて、下腹部に力が入り、お腹だけで曲げる姿勢になります。これは前述した通り、親指に力が入っており、膝が内側に入ってしまっている状態とほぼ同じ姿勢です。

このような体勢は、前屈をするには意外と窮屈な格好です。そのため、よほど体が柔らかい人でないと、きちんと下まで曲げることができません。

体の硬さ云々《うんぬん》の前に、動かし方自体が、本来、前屈をするために適した動きとは異なっています。

関節の硬さ・柔らかさは、むしろ、体の動かし方の硬さ・柔らかさの問題だと考えるとよいでしょう。

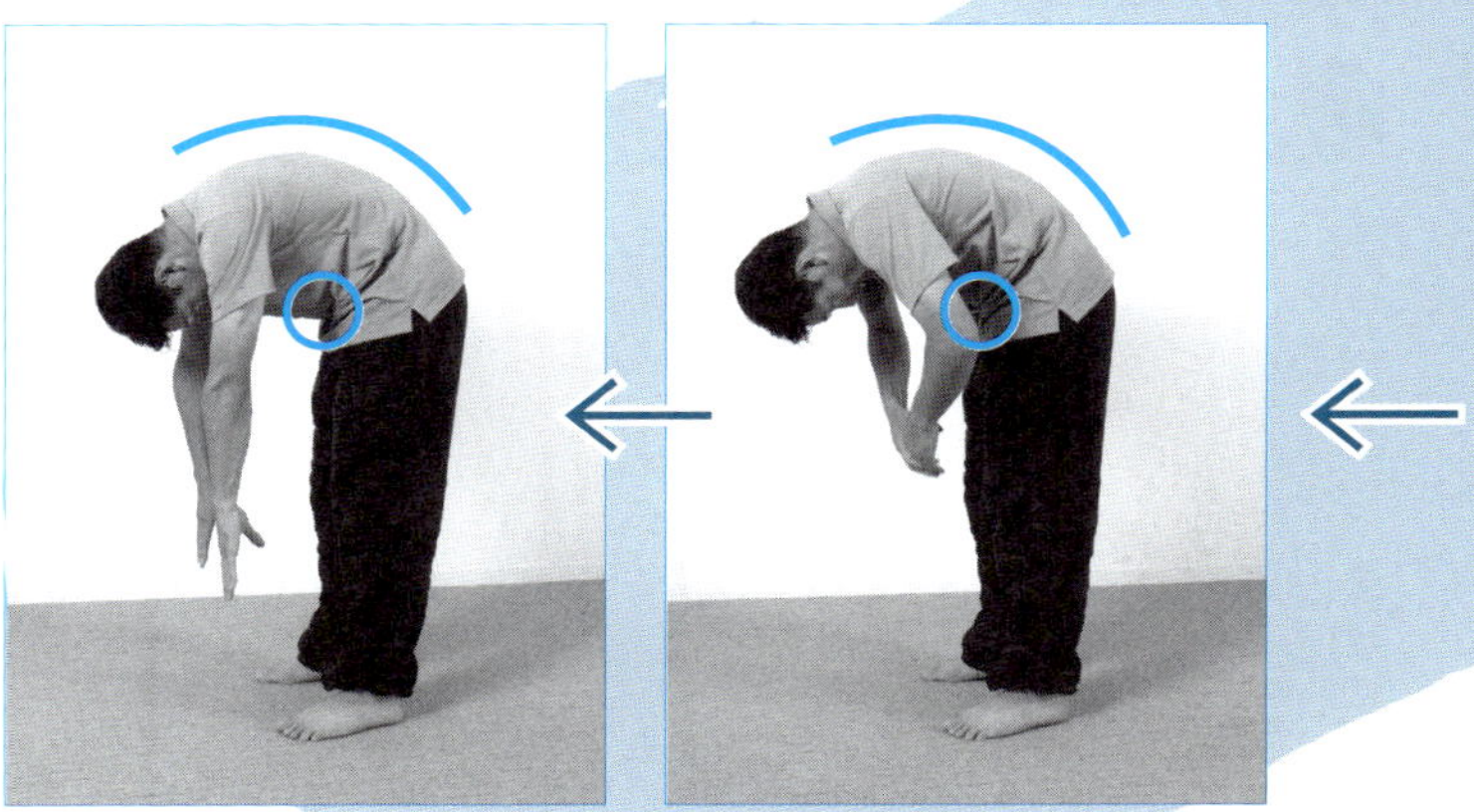

前屈のよい例

膝をゆるめて外向きに骨盤を倒そう

それでは一番、楽に前屈をするにはどうしたらよいか説明します。ここでも第1章と同じく、足の小指が重要です。小指の方に力を入れ、膝を外に開きます。こうすると骨盤がうまく動き、体の前側に骨盤がはまる空間ができる感覚になります。そこにうまく骨盤をはめると股関節からしっかりと体を曲げることができます。

足の親指が浮いてしまうくらい小指に力を入れ、膝を外側に開けば、大概の人が床に手をつくことができます。

前

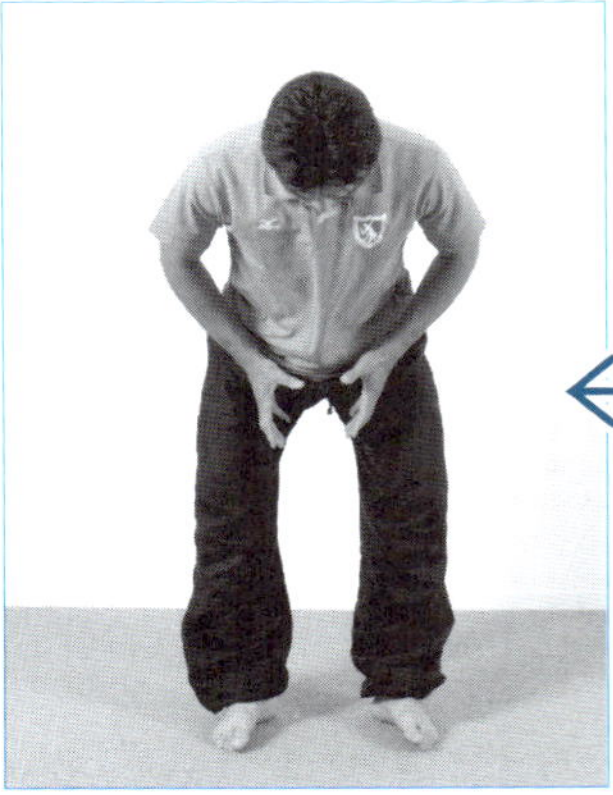

横

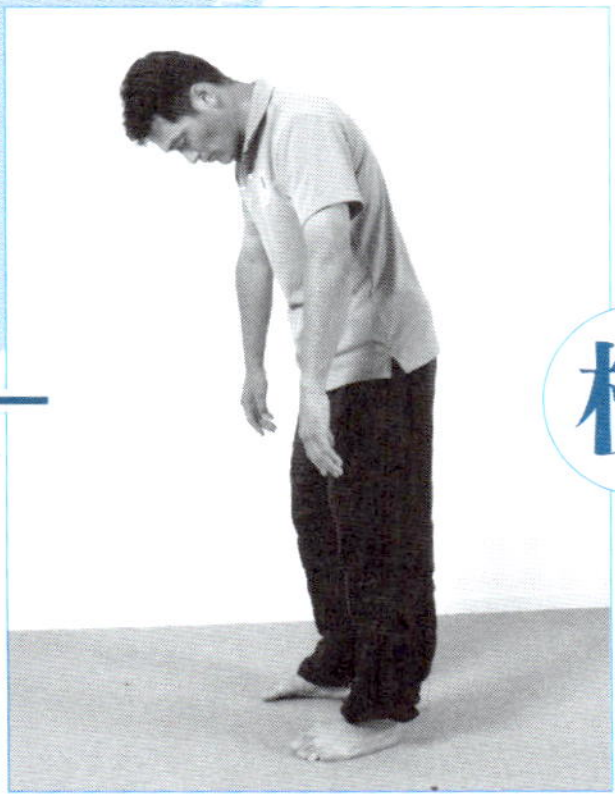

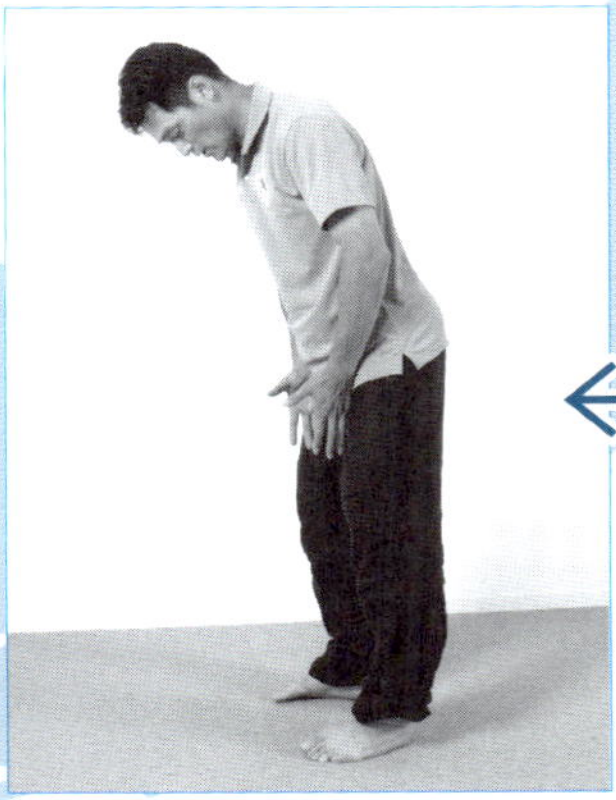

高橋先生のワンポイント！

前屈で床に手がつかない人は、ちゃんとした曲げ方を知らないことがしばしばです。極端に膝を外側に向けなくとも、コツがわかってくると、足がまっすぐ伸びていても、膝を緩めれば骨盤は前に倒れるため、ちゃんと床に手がつくように前屈ができます。

開脚のチェック

無理に足を広げずに体を前に倒してみる

開脚をする場合、足を開く角度は特に気にする必要はありません。体が前に倒れるようになっていけば、自然と足は開いていきますが、あえて無理に開こうとしなくても大丈夫です。無理に開こうとするとかえって、後ろに倒れてしまうので、座れる範囲で足を開きましょう。だいたい、下の写真のような4つのLvの段階が考えられます。一番柔らかいと言われているのは、胸が床につく状態ですが、これは動かし方以上に筋肉の柔らかさなども関わってきますので、まずは床に頭がつくことを目指してみましょう。

Lv1

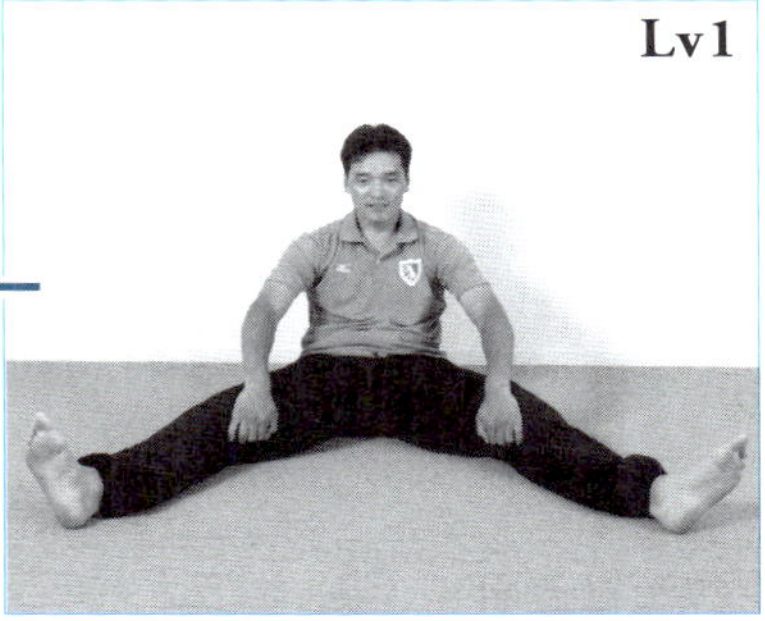

体が後ろに流れてしまい、手で足や床を支えないときちんと座れない状態。

Lv2

掌が床につく状態。

Lv3

肘まで床につく状態。

Lv4

頭まで床につく状態。この次の段階として、胸までつく状態までいけると理想的。

開脚の悪い例

ポイントは足指と膝の向き

開脚時にうまく前に体を倒せないという人は、前屈と一緒で足指と骨盤が関係しています。親指が内側に入った状態だと、骨盤が前に倒れにくくなります。親指に力が入り、内側へと向いてしまうため、膝も同様に内向きになり、骨盤が固定されお腹だけで曲がるようになります。

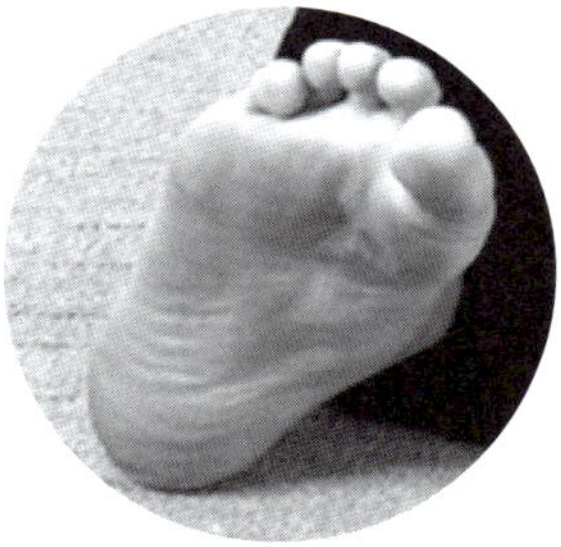

親指が内側に入ってしまうと、膝も内向きとなり、骨盤が固定されてしまう。

前

親指、膝が内側となり、骨盤は一定のところで止まってしまう。

結果、お腹だけで曲がるような窮屈な開脚の前屈となり、手を床につくことができない。

横

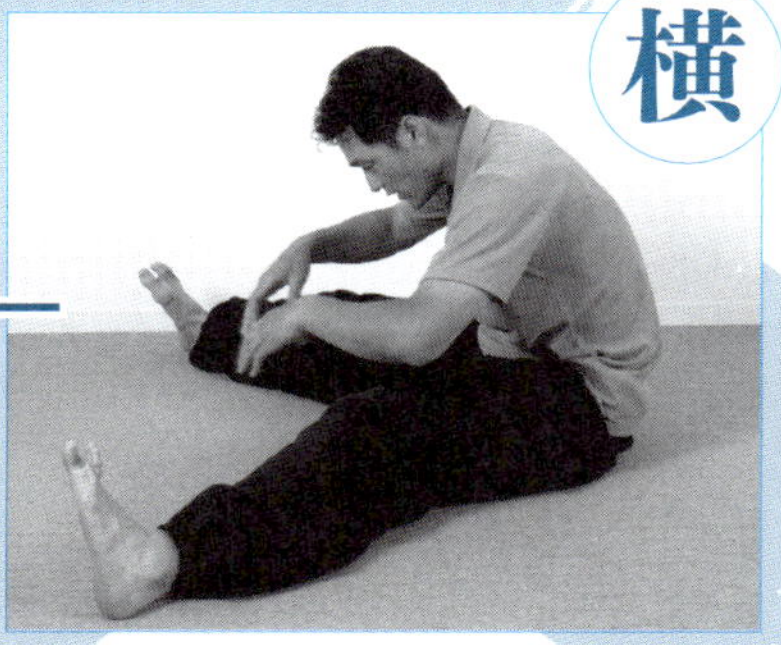

親指と膝が内側に入っていると、お尻が出るため、後ろに倒れてしまいそうな格好になる。

そのまま前に体を倒しても骨盤が動かないため、床に手をつくことが難しい。

開脚のよい例

膝を外側にして骨盤を開放する

足指・膝が内向きになると骨盤を固定してしまうので、これを開放してやれば、開脚もうまくいきます。前屈と同様に、結局は開脚するときも、膝は外側に向けておきましょう。そうすれば骨盤がしっかり前に倒れて、割と誰でも肘くらいまでは床につくことができます。

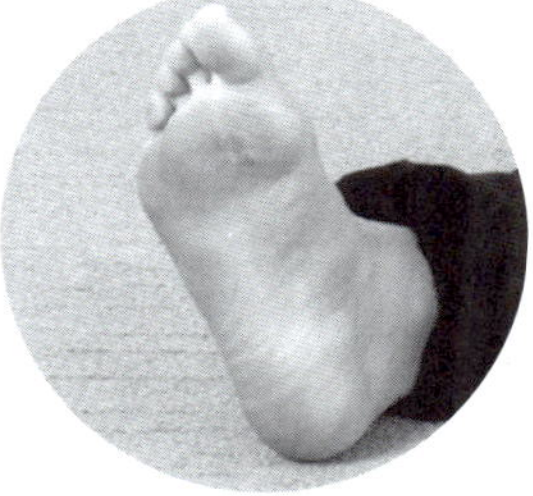

小指に力を入れ、外側を向いていれば、自然と膝も外側を向く。

無理のない範囲で足を広げ、小指に力を入れ、膝が外側を向いた姿勢を作る。

骨盤が固定されずに前へと倒せるので、自然と体も床に向かって倒すことができる。

骨盤がうまく開放できれば、割と誰でも肘までは簡単に床につくことができる。

足・膝の向きが骨盤の可動域と連動している。開脚や股割りの場合、補助者に手を引っ張ってもらうこともあるが、それよりも足・膝の向きを意識しよう。足を広げて、小指を内側に巻き込むのではなく、自分のほうにキュッと反るようにして近づけるようなイメージを持つと、膝が外側を向き、骨盤が自然と前に倒れる。そうすれば楽に体を前に倒すことができる。

上半身編 肩甲骨を動かす

肩こりを解消する!!

肩の位置を変えずに肩甲骨を動かす

前ページまでは、前屈と開脚を用いて、足の指と膝、股関節の動かし方を説明しました。ここからは上半身、特に現代の日本人がうまく動かせていないとされる肩甲骨について、説明したいと思います。

通常、肩甲骨を動かす際には、肩を上げたり下げたり、後ろに引いたり前に出したりと、肩周辺を動かすエクササイズをする場合が多いと思います。しかし、ここではできれば肩の位置をあまり変えずに、肩甲骨自体を動かすことを意識してみるとよいでしょう。

かたほうずつ上下に

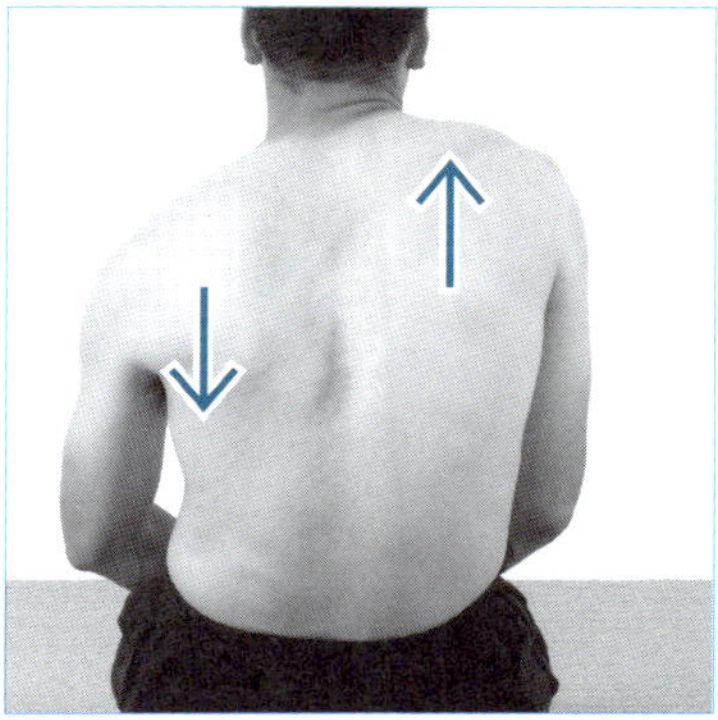

右側の肩甲骨を上げ、左側の肩甲骨を下げる。

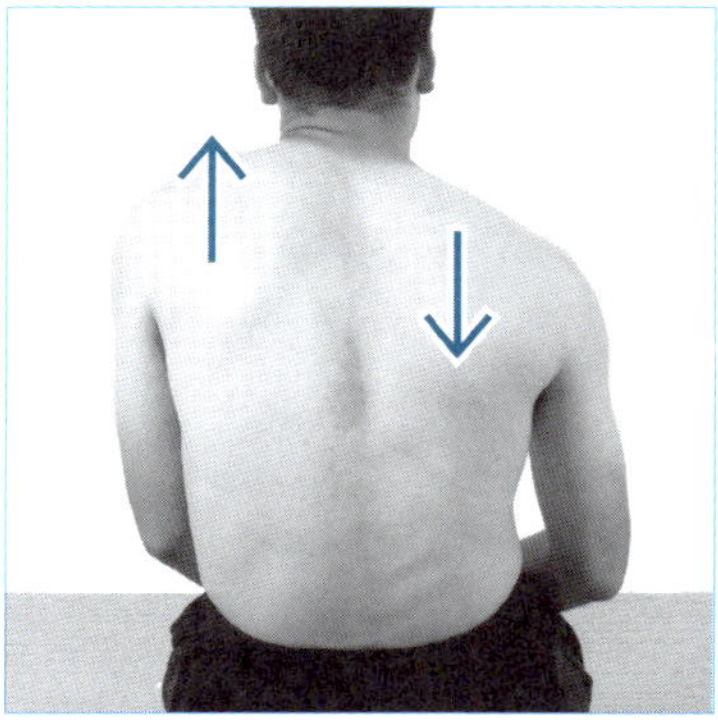

左側の肩甲骨を上げ、右側の肩甲骨を下げる。

前後に

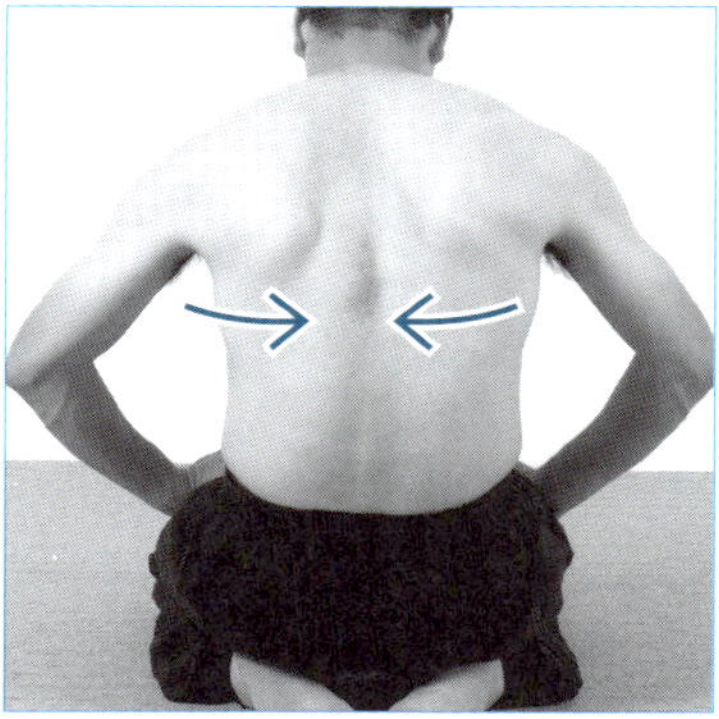

肩の位置を変えずに、肩甲骨を後ろに引く。

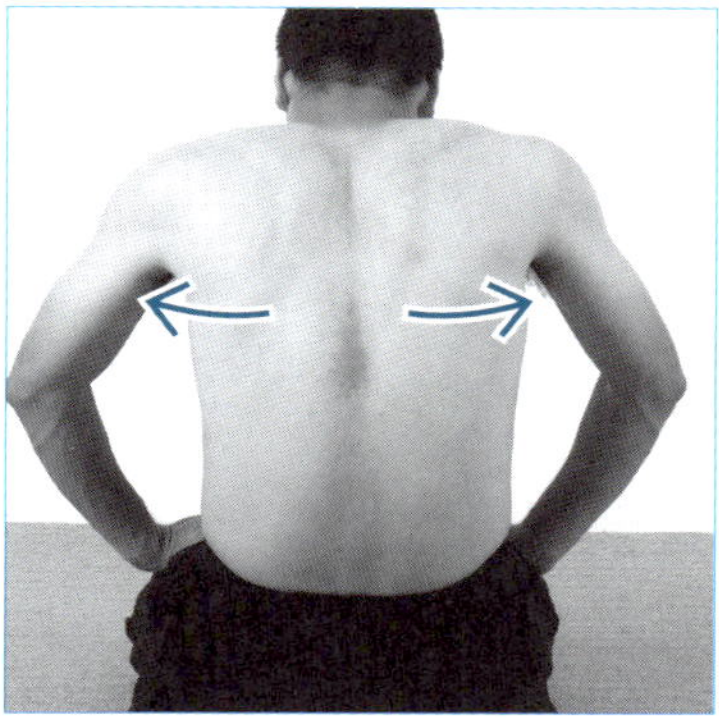

肩の位置を変えずに、肩甲骨を広げる。

上半身編

四十肩、五十肩は、肩甲骨をうまく動かせないから

肩のこりや痛みは肩甲骨で解消

肩周辺を動かしながらする肩甲骨エクササイズは、外側の大きな筋肉（アウターマッスル）や腕全体を持ち上げて行われる運動になります。肩を中心にした動かし方をする人が多く、肩甲骨が十分に動かせていないことがしばしばです。一方で、肩の位置を変えずに肩甲骨のみを動かすことを意識すると、内側の筋肉（インナーマッスル）を用いた動きになります。

外側の筋肉だけで肩甲骨を動かすと、例えば野球の場合、肩は上がっ

肩甲骨をうまく動かせないと…

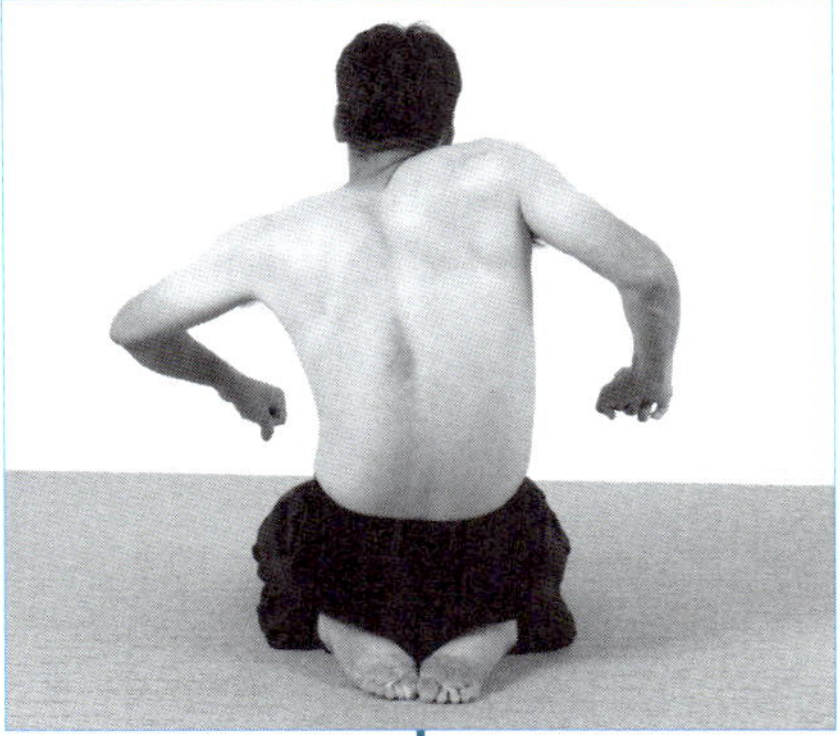

肘が肩より上に上がらない

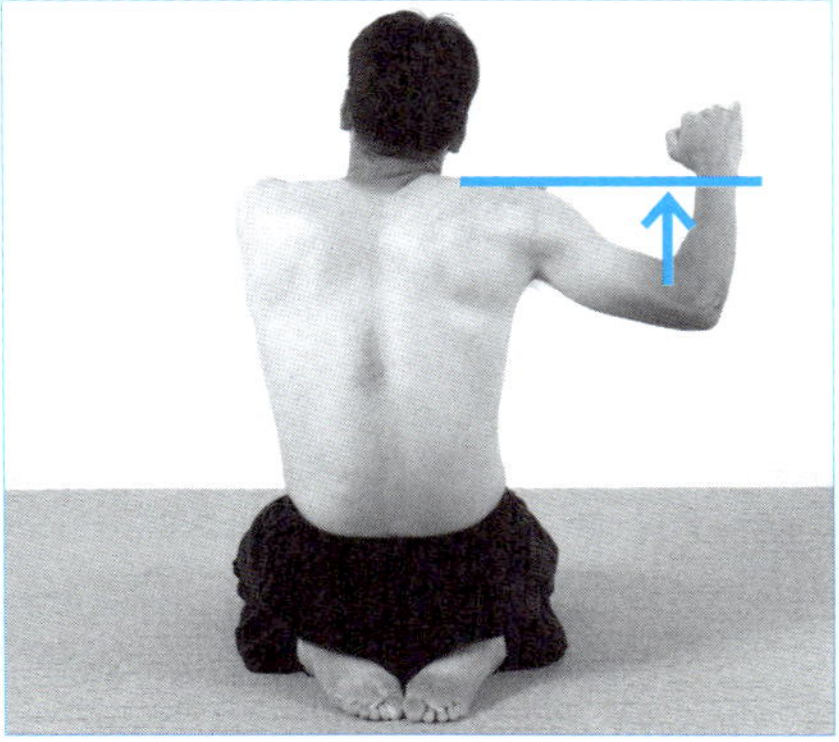

肩周辺を中心にした肩甲骨の動かし方では、十分ではない。肩甲骨がうまく使えないと肩こりや肩の故障を引き起こしやすい。

ても肩甲骨がうまく上がっていかないため、腕が上がらず、肘も肩より低い位置になってしまいます。この状態で無理に投げようとして、肩を壊すケースにつながります。

現代人の多くは、デスクワーク中心の生活を普段から送っています。そのため背中は縮まって、肩甲骨がうまく使えていません。肩甲骨がうまく動かせなくなると自然と腕も高く上げられません。日常の動作の中でも、肩より高く腕を上げることは意外と少ないでしょう。こうした状態で、無理に腕を上げようとすると、肩の骨と骨の間に筋肉が挟まるような状態になってしまいます。これがいわゆる四十肩や五十肩の要因のひとつとなります。ですから、肩こりや肩の痛み、背中のこりなどに悩んでいる人は、まず肩甲骨を動かせるようにしましょう。

肩甲骨をうまく使えれば…

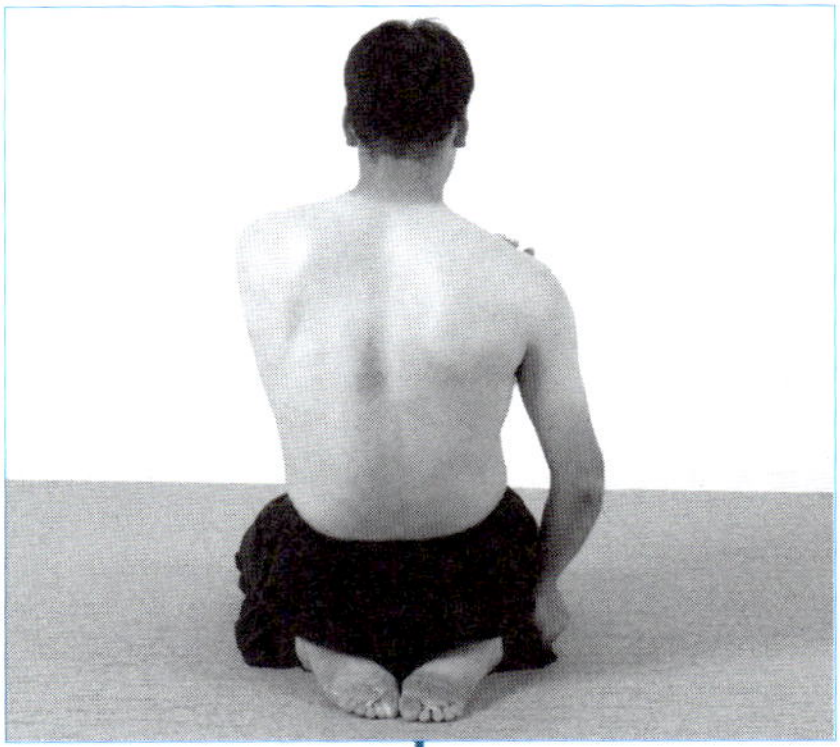

↓

腕は軽く上がる

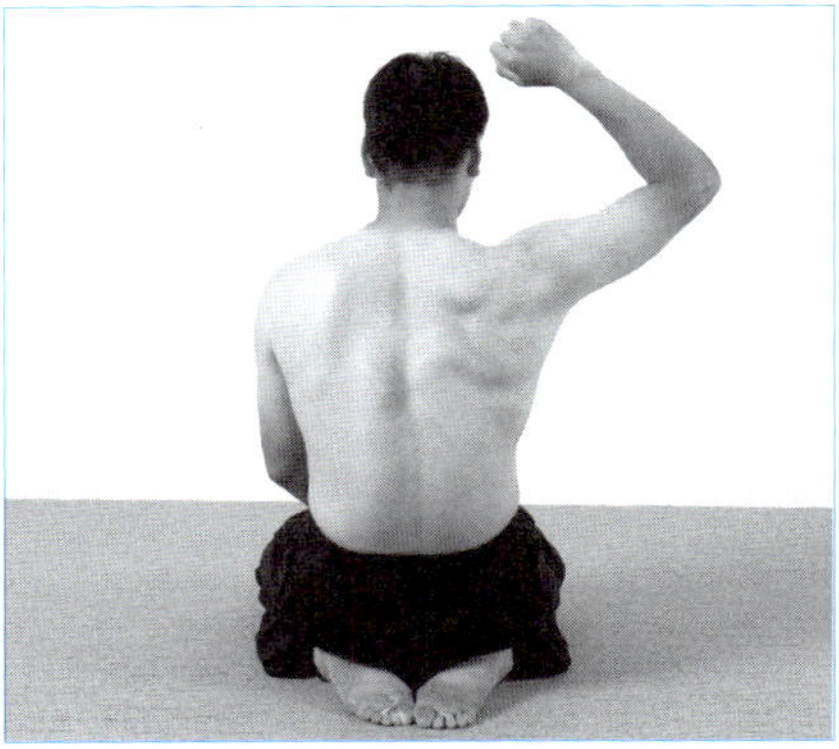

無理矢理、肩を上げると…

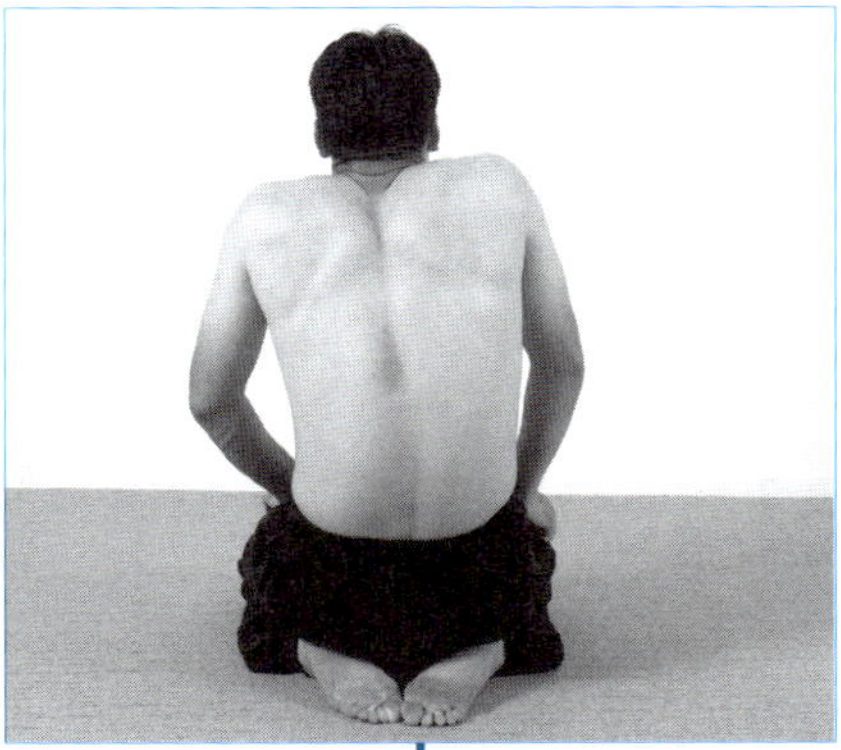

↓

骨と骨の間に筋肉が挟まる

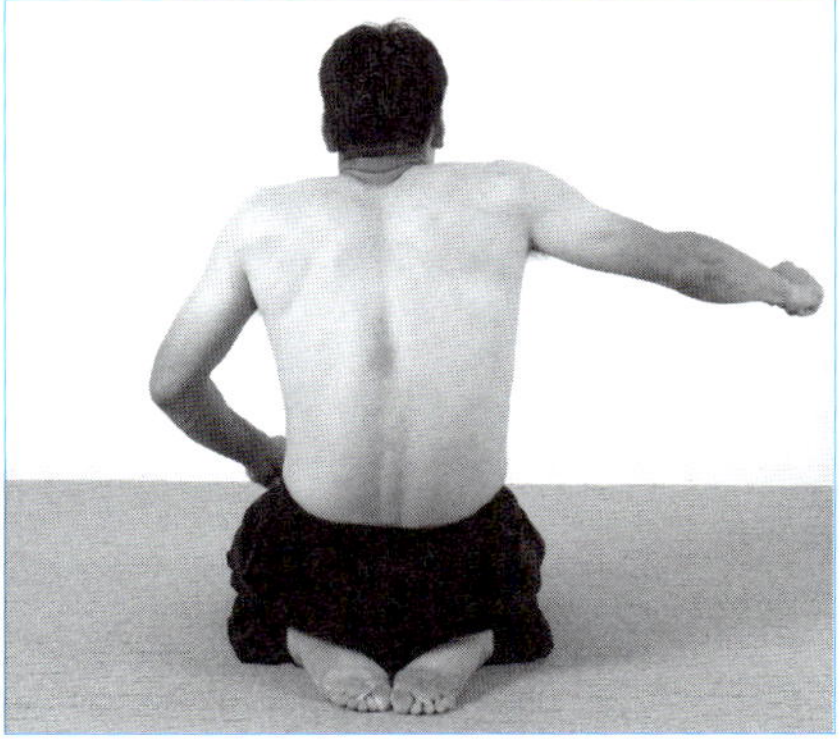

上半身編

肩甲骨トレーニング①
前後に動かす

最初は大きく動かすことを意識

肩甲骨を動かすためには、インナーマッスルを意識すると説明しましたが、最初は肩が動いてもいいので、肩甲骨を大きく動かすことを心がけてみてください。腕も一緒に動かしてもよいでしょう。立っていても座っていてもよいですが、肘をグッと引いて、背中の中心で肩甲骨同士をくっつけます。そこから、今度は腕を前に出して、肩甲骨を左右に広げます。慣れてきたら、腕を使わず、肩甲骨だけを動かすイメージで動かしてみましょう。

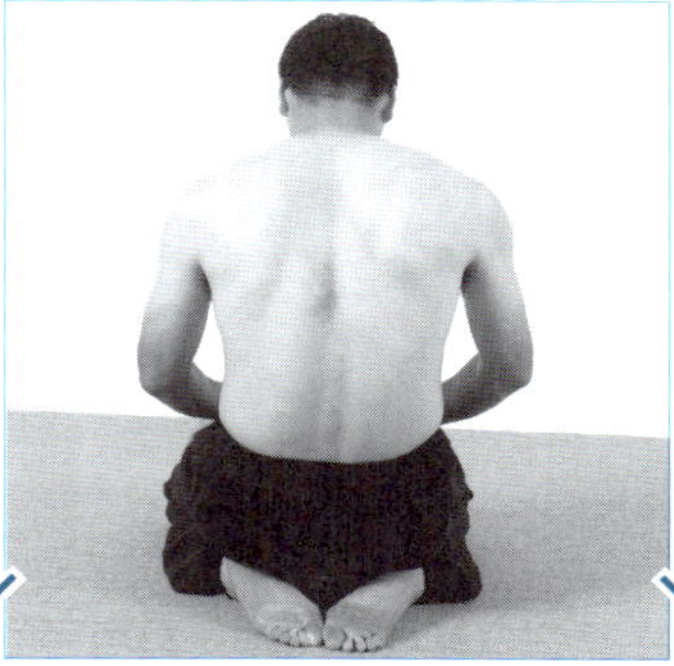

肩甲骨だけを動かす

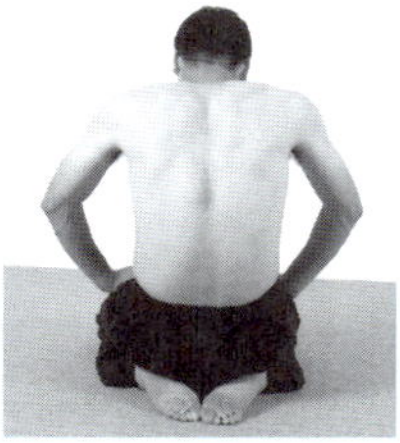

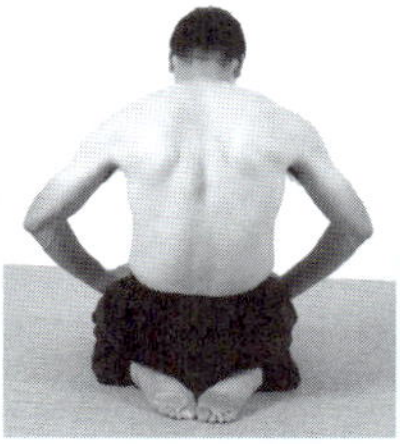

前　腕も一緒に動かす　後

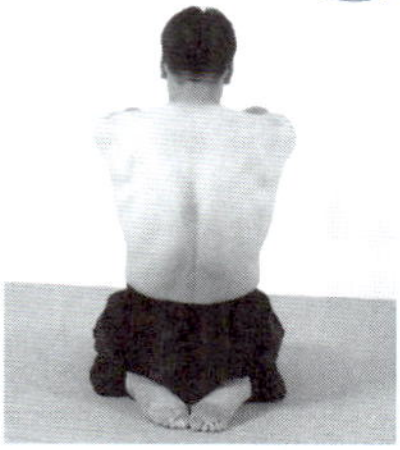

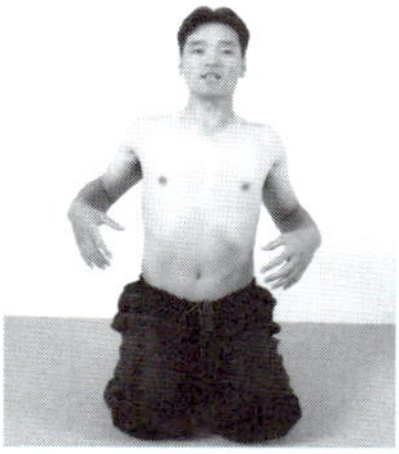

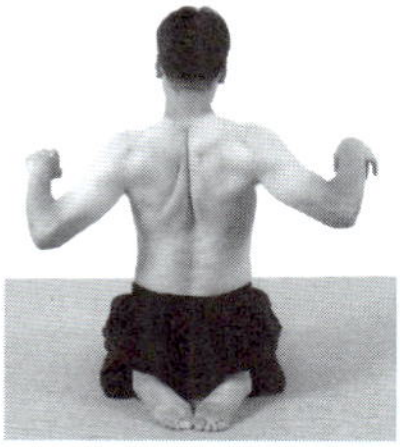

上半身編 肩甲骨トレーニング②
上下に動かす

腕と一緒に上下に動かす

次に上下に肩甲骨を動かします。腕を上げても上げなくてもどちらでも構いませんが、これも前後の動きと同様に、最初は腕と一緒に上げ下げしてみるとやりやすいでしょう。

まず腕を上げながら、肩甲骨が左右両方とも上がっていることを意識します。次に肘を下げて、肩甲骨も下がっていることを意識します。これを交互に繰り返します。

こわばった背中や肩をほぐすように、大きく動かすことを意識しましょう。

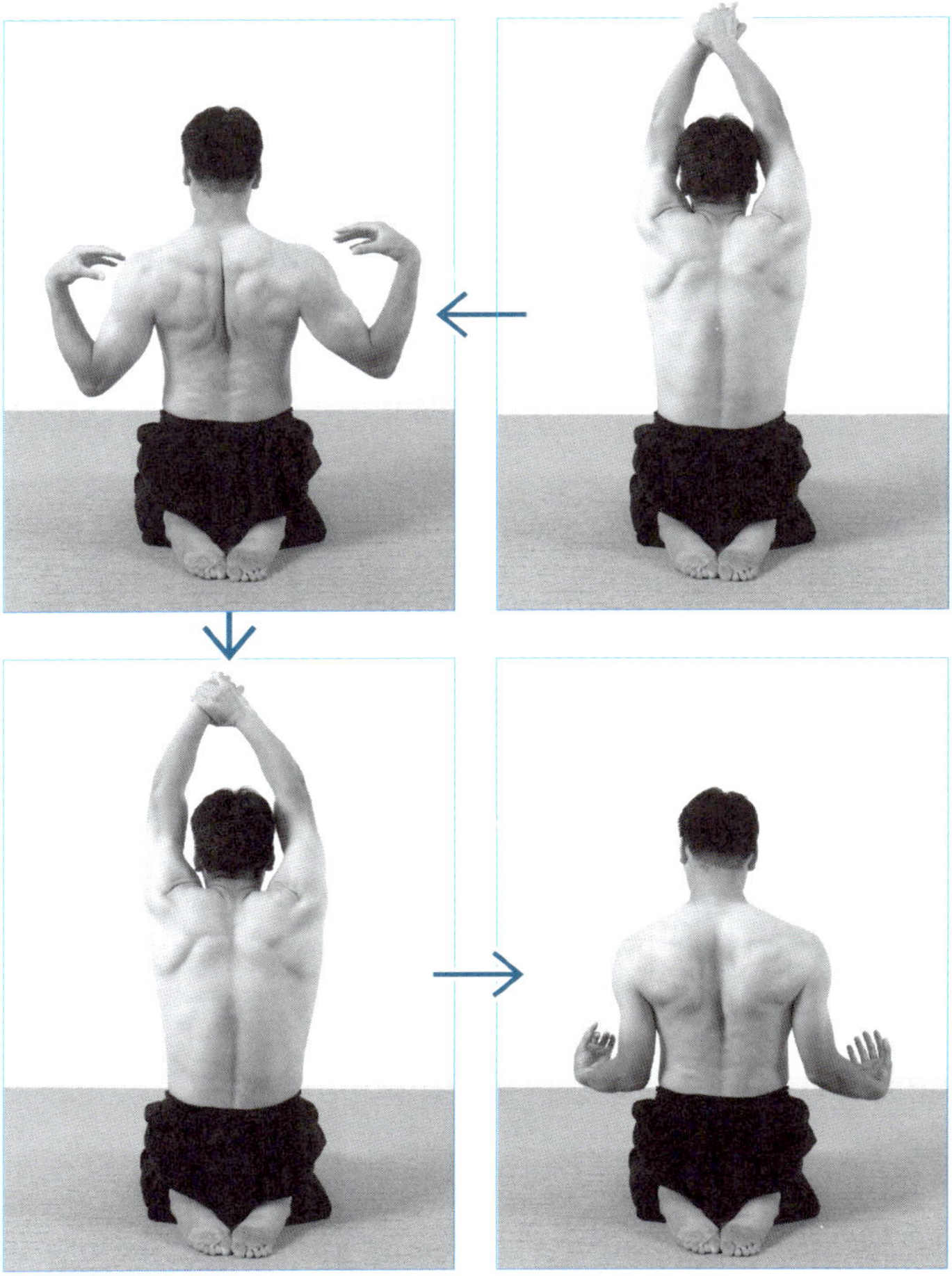

注意!! 肩甲骨の下げ方

ポイントは脇腹に効いているか

肩甲骨の上下運動の際、注意が必要なのは下げるときです。肩甲骨を上げることは比較的簡単にこなせますが、下げたときにきちんと肩甲骨が下まで下がらず、ただもとの位置に戻っているだけの場合が多いです。ですので、肩甲骨を下げる際には、もとの位置からさらに下げることを意識してください。そうすると、脇腹周辺の筋肉が働くような感覚を覚えます。肩甲骨を〝きちんと〟下げるのが重要なポイントです。

上げるのは簡単

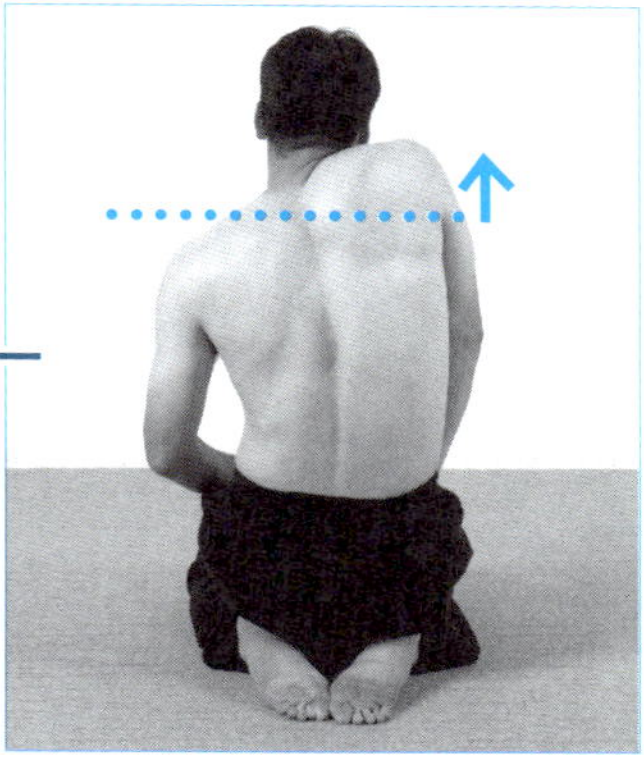

ここまで肩甲骨を下げる

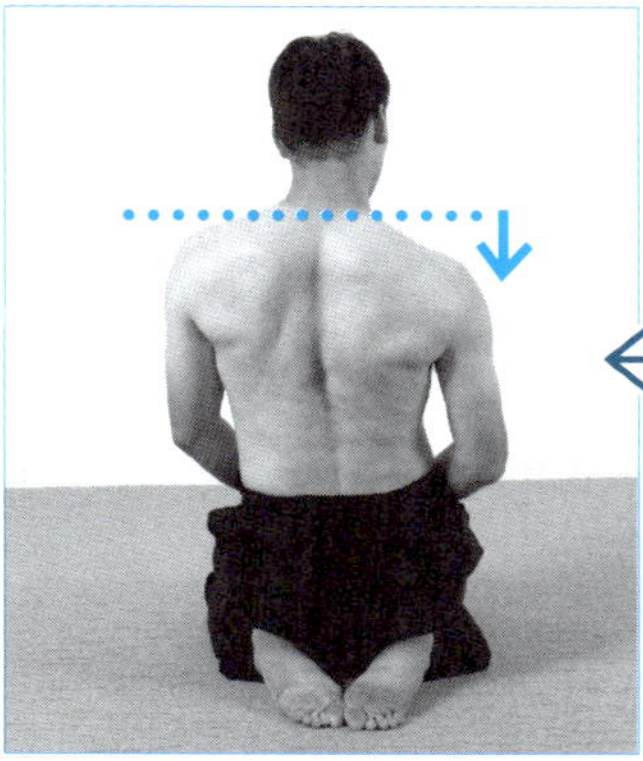

下げたと思っても戻っただけ

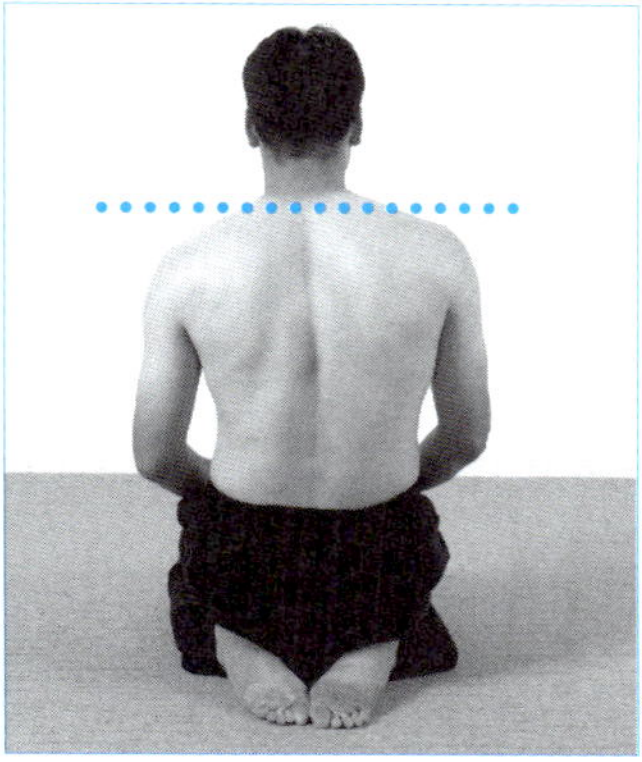

脇腹に効いていることを意識する

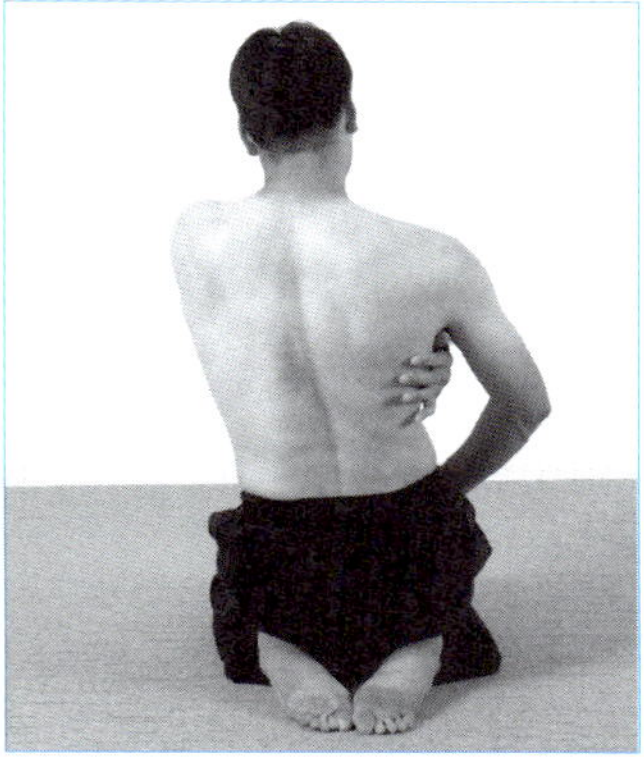

上半身編 肩甲骨トレーニング③ 回す

前後・上下・回す 満遍なく動かす

次に肩甲骨を回してみます。肩より上の位置に手を持ってきて、そのまま胸の前に倒します。すると肘が肩より上の位置に来るとともに、肩甲骨が動きます。肩の上に来た肘を体の前側に向けて下ろすと、肩甲骨は反対側に動きます。

前後・上下・そして回すという動きができると、肩甲骨の動きとしてはほぼ全てを網羅できます。この動作をできる限り大きく柔らかくできるようにすることが重要です。

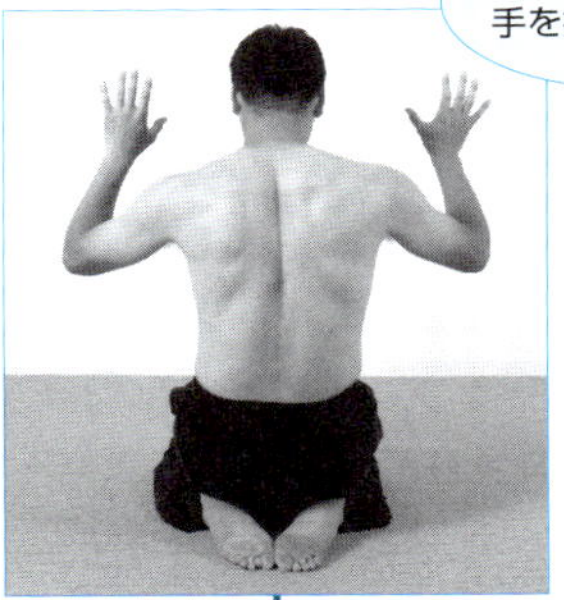
肩より上の位置に手を持ってくる。

そのまま肘を上げると肩甲骨が動く。

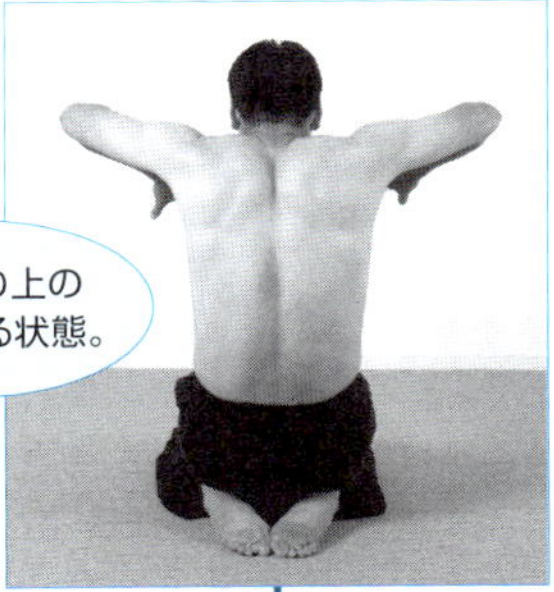
肘が肩より上の位置にある状態。

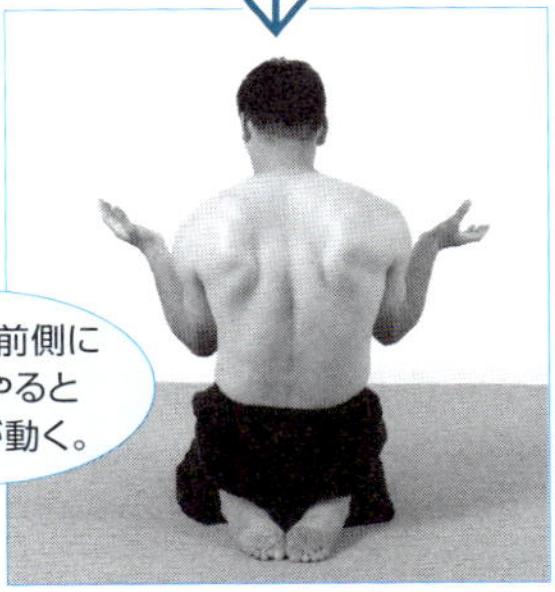
肘を体の前側に下げてやると肩甲骨が動く。

鎖骨を動かす

肩甲骨を動かす際には、鎖骨も一緒にグッと広げて、次に鎖骨を閉じることを意識するとよいでしょう。鎖骨も広げて鎖骨も閉じる。こうすることで、肩の周りのいわゆる肩甲帯と呼ばれる部分が満遍なく動かせるようになります。

上半身編

肩甲骨トレーニング④ 床に手をついて動かす

四つん這いになって肩甲骨を動かす

肩甲骨の運動は、座りながらやるのもよいですが、膝をついて四つん這いの体勢で行うこともできます。肩甲骨を前後に動かす場合、肩甲骨を後ろに引くときは、肘を伸ばし、肩と肩の間に胸をストンと落とすと楽にできます。お腹が縦に伸びるような感じで、頭も上がります。ここから肩甲骨を前にやる場合は、腕ごと床を押すようなイメージで、背中を突き出し、伸ばします。こうなると頭が下がります。

前後

前

横

上下左右交互に動かす

右側の肩甲骨を上に、
左側の肩甲骨を下に動かす。

左側の肩甲骨を上に、
右側の肩甲骨を下に動かす。

これでは、肩甲骨がきちんと
動かせない

肩甲骨を動かそうとして、
頭と腰が動いてしまっている。

上下に動かす場合、最初は左右交互に、きちんと肩甲骨を上下に動かすことを意識して行う。肩甲骨が左右両方ともきちんと動かせるようになったら、両方同時にやってみよう。このとき、左右それぞれがきちんと動かせるようになっていないと、反動をつけて肩甲骨を動かそうとしてしまい、頭と腰も動いてしまう。これだときちんと肩甲骨に力が伝わって動かせていない。頭と腰の位置は動かさずに、肩甲骨だけを動かすことを意識しよう。

上下両方一緒に動かす

両方の肩甲骨を下げている状態。

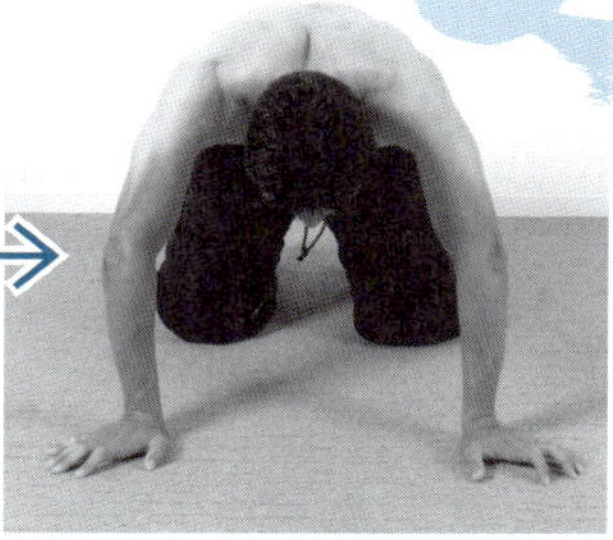

慣れてきたら両方の肩甲骨を同時に
動かす。肩甲骨を上げている状態。

上半身編

前腕と手の動き

手の向きを変えず肘の向きだけ変える

肩甲骨だけでなく、さまざまな関節や筋肉をひとつひとつ細かく意識し、自由自在に動かせるようになると、体に対する意識も変わります。例えば、手の向きを変えずに、肘の向きだけを動かしてみるとどうでしょうか。普通は手も一緒に動いてしまいます。これは、肩の内旋・外旋に手がついていってしまっているためです。手の向きを変えずに肘を動かせると、肩の動きに影響されず手を使うことができるため、野球やバスケットボールなどのパフォーマンスアップにもつながります。

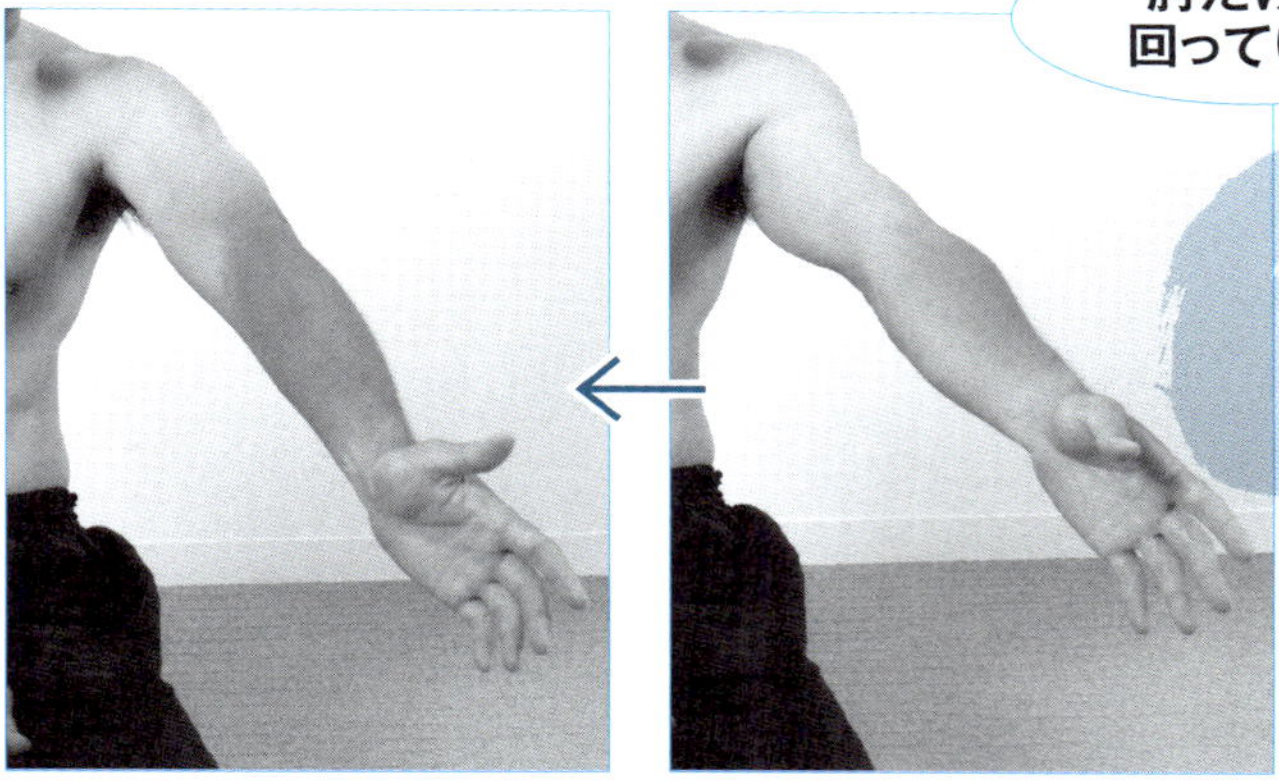

肘だけが回っている

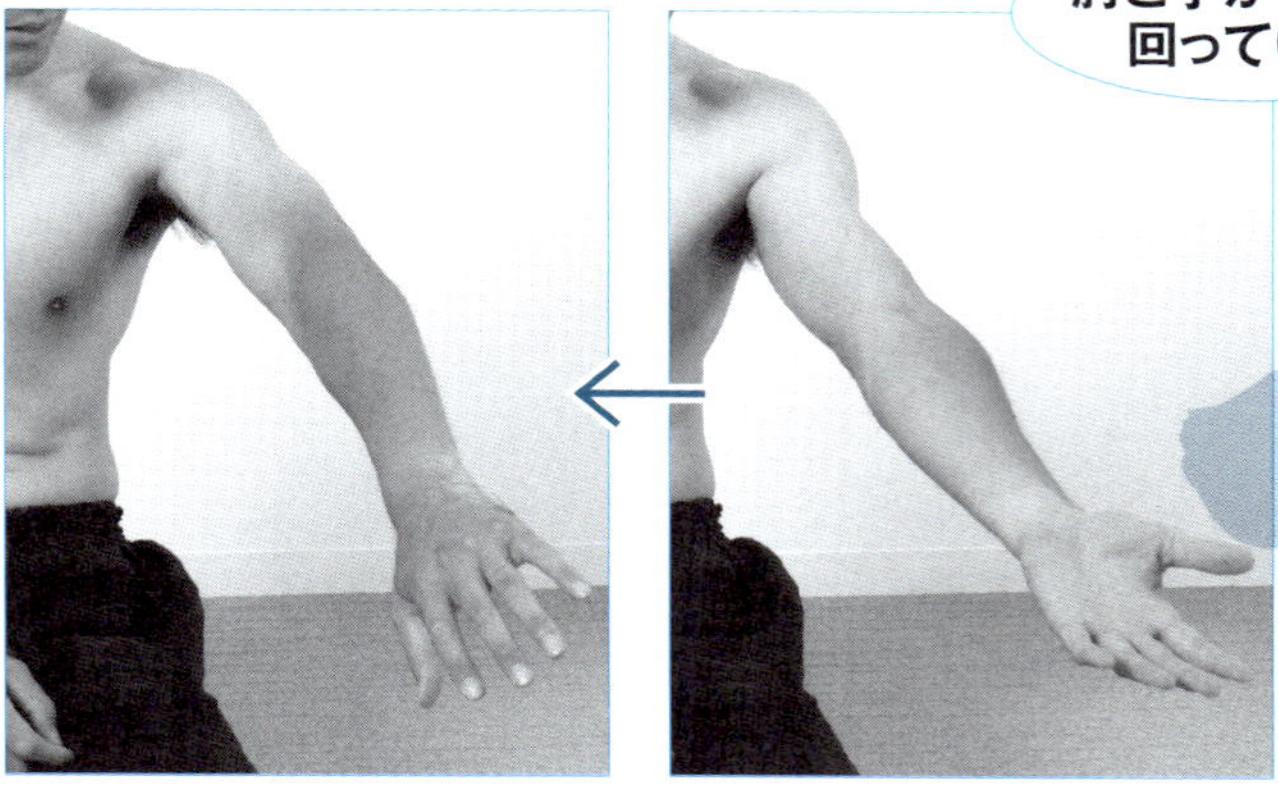

肘と手が一緒に回っている

上半身編
手の動きのエクササイズ

①手を組んで肘を動かす練習

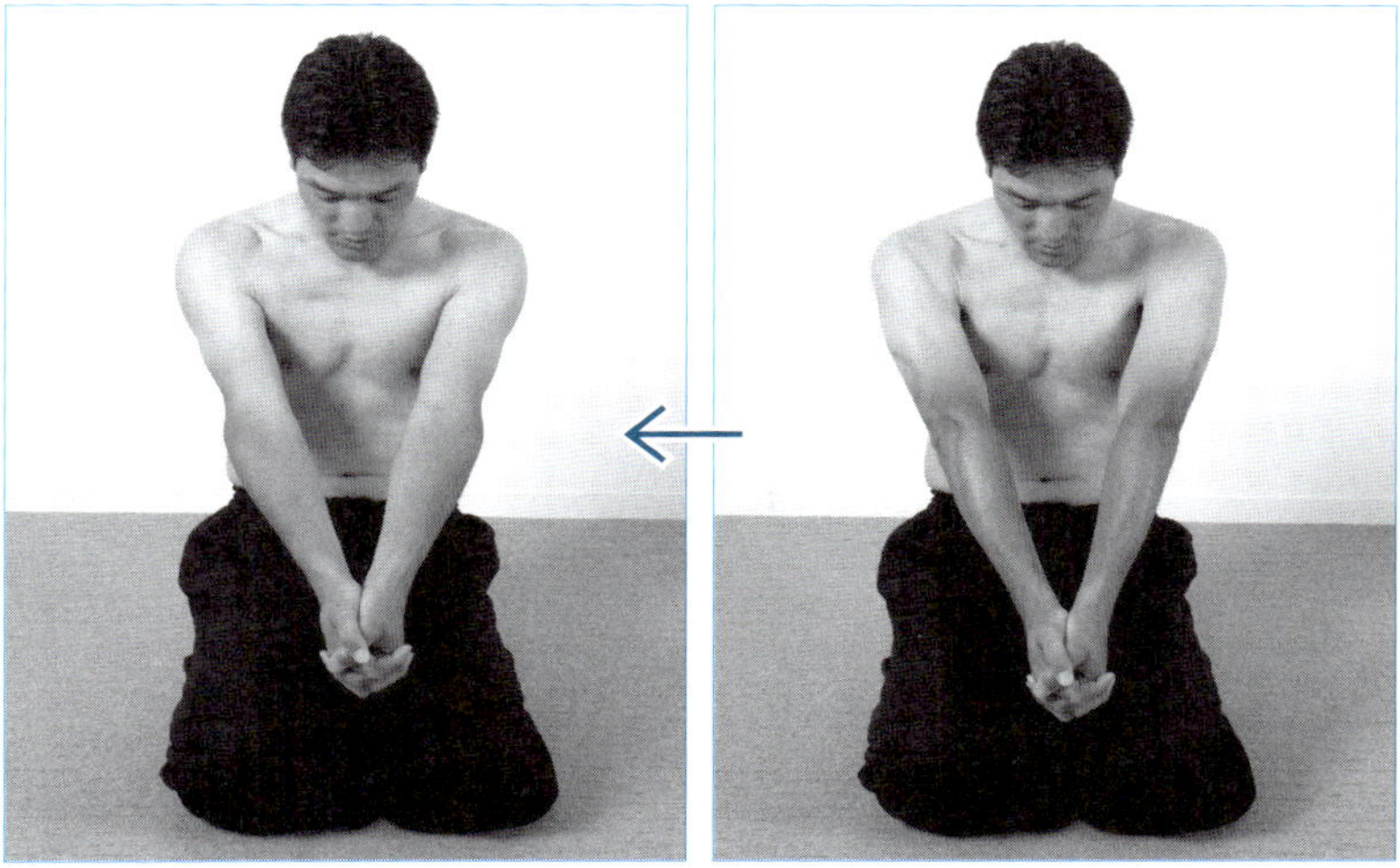

手の向きを変えずに肘を動かせるようになると、肩の動きとは独立して、肘や手が使えるようになる。野球のバッティング時の手首の使い方や、バスケットボールのパスの際の手の動きなど、さまざまなスポーツに活かすことができる。最初は、上の写真のように手を組んで、肘だけを内側、外側と動かしてみると、やりやすい。

②床に手をついて肘を動かす練習

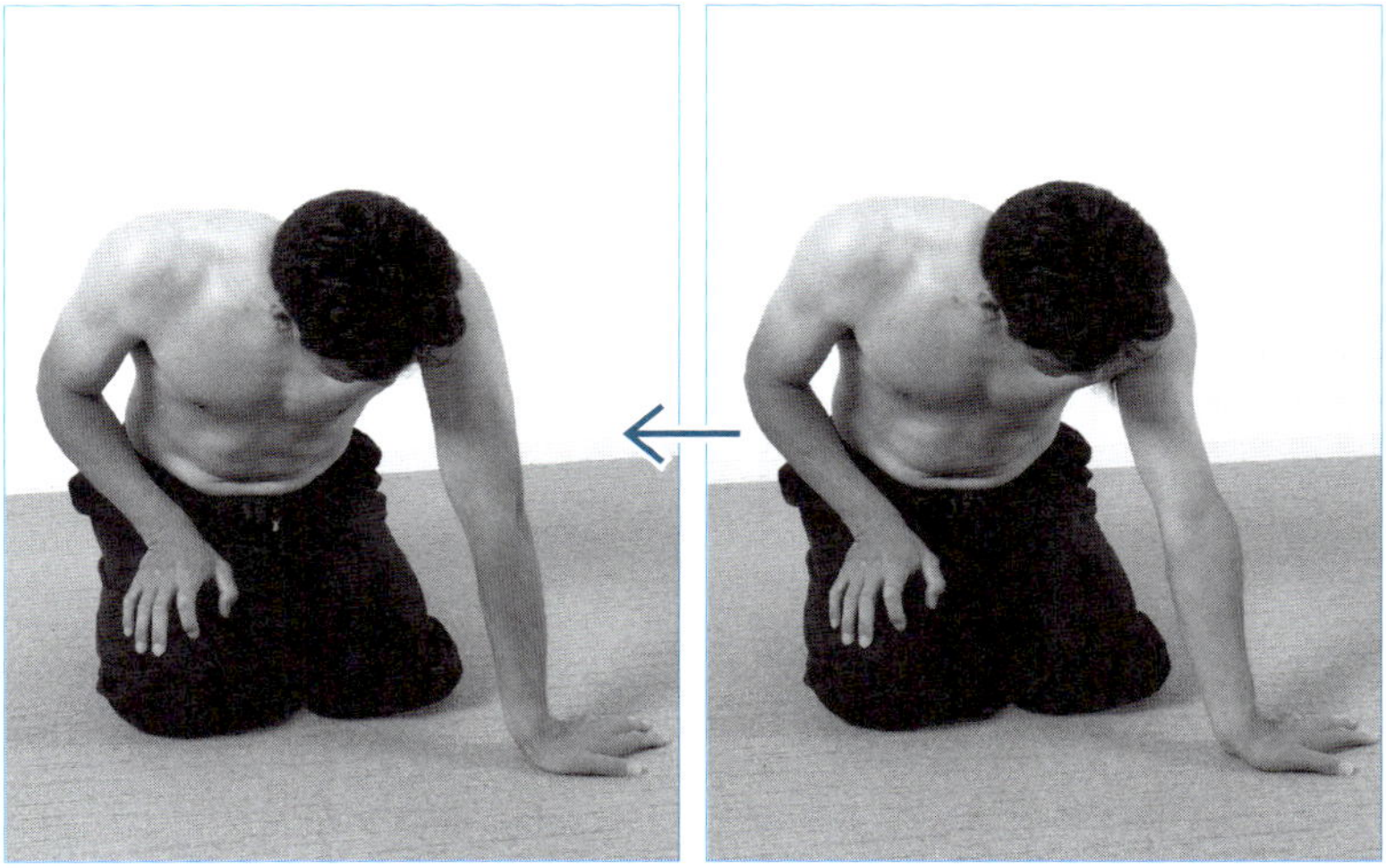

手を組んでやるだけでなく、床に掌をついて、肘だけを回してもよい練習になる。最初は手を組むのをやめたり、床から離したりした途端に、肘が回ってしまうが、指一本でもよいので支えがあれば、肘だけを比較的楽に回すことができる。徐々に支えを少なくしていくとよい。

下半身編
足指を動かす

足指の骨が見えるくらいまで曲げる

続いてここからは下半身の動かし方を説明します。まずは足の指です。例えば、足の指をぎゅっと曲げたときに手で言うと拳に当たる部分の骨がくっきりと浮き出るのが理想的です。現代人にはここがのっぺりとして指が浅くしか曲がらない人が増えています。また、これまで繰り返し説明したように、親指にしか力が入らない人も多いのです。骨も親指側だけしか出ない場合が多いので、小指までしっかりと曲げましょう。

開けないくらい強く握る

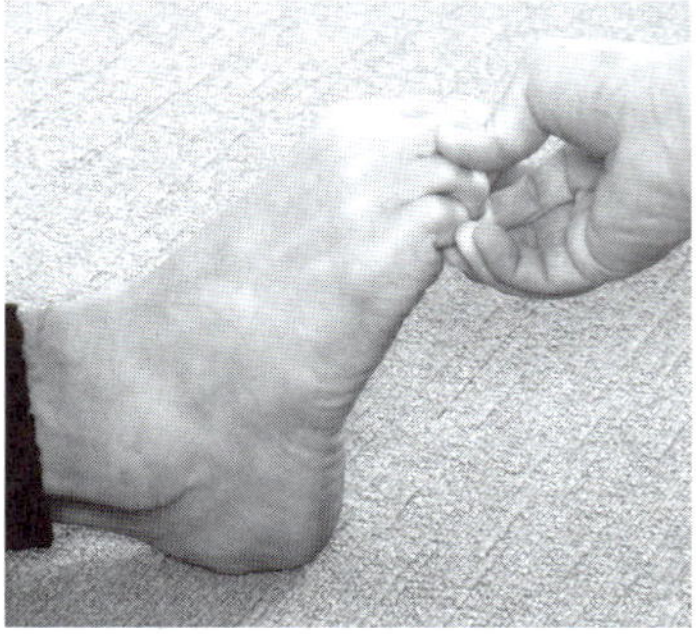

親指から小指まで満遍なく力が入れば、他の人が開こうとしてもビクともしない。

足指を曲げる

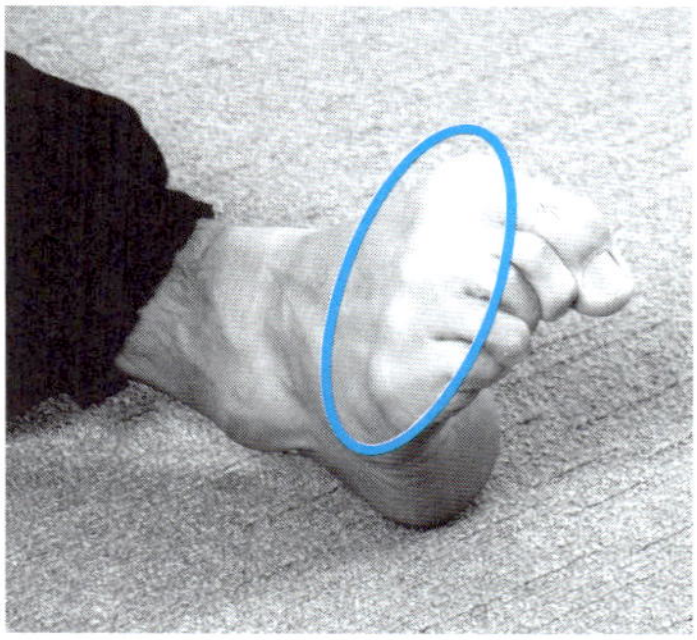

足の関節の骨がはっきりと見えるくらいに曲げられるのがベスト。

親指でなく小指に力を入れる

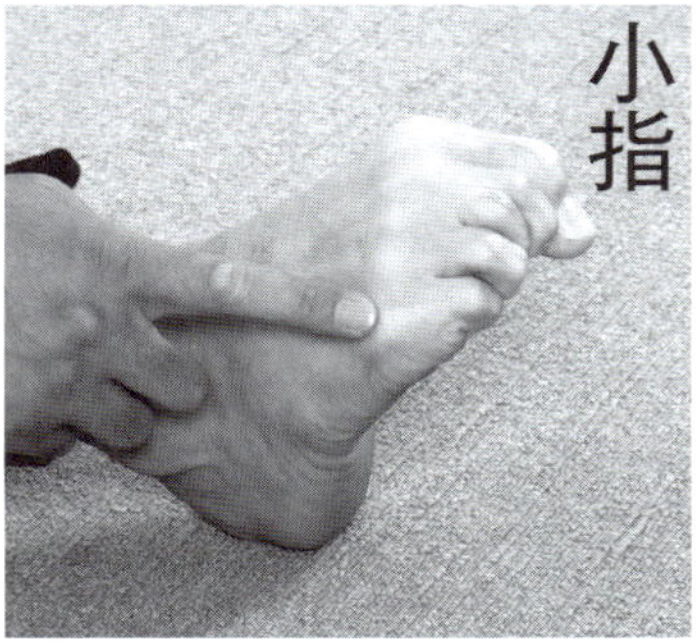

小指のほうまでしっかりと力を入れ、きちんと骨が見えるくらいまで曲げる。

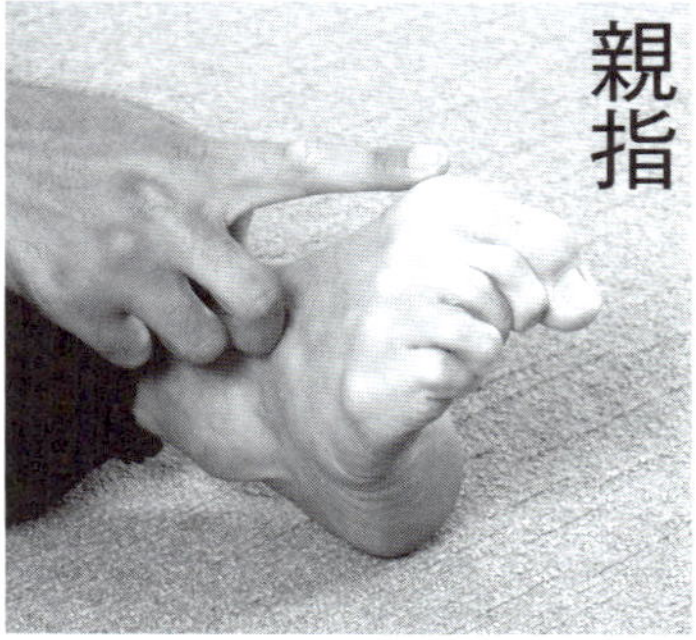

指を曲げたとき、親指側の骨しか出ない人が多い。

下半身編 足首の怪我を防ぐ!!

足指と足の関係を知る

足の指を働かせて足首の怪我を防ぐ

第1章では足の指が膝の向きとも連動していることを紹介しましたが、その他にもすねやふくらはぎとも関係しています。足の指を曲げたときには、ふくらはぎの筋肉が働いています。逆に足の指を伸ばしたときには、すねの筋肉が働いています。実際に触って確かめてみてください。つまり、足の指をちゃんと使えるようになると、すねとふくらはぎの筋肉もちゃんと機能し、初めて足首がきちんと使えるようになります。

足指を伸ばした場合

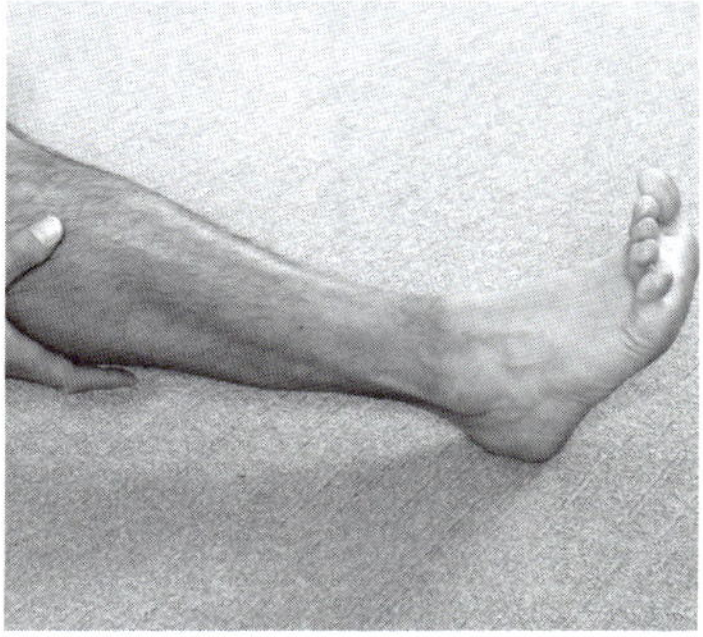

足の指を伸ばすと、すねの筋肉が働くことがわかる。

足指を曲げた場合

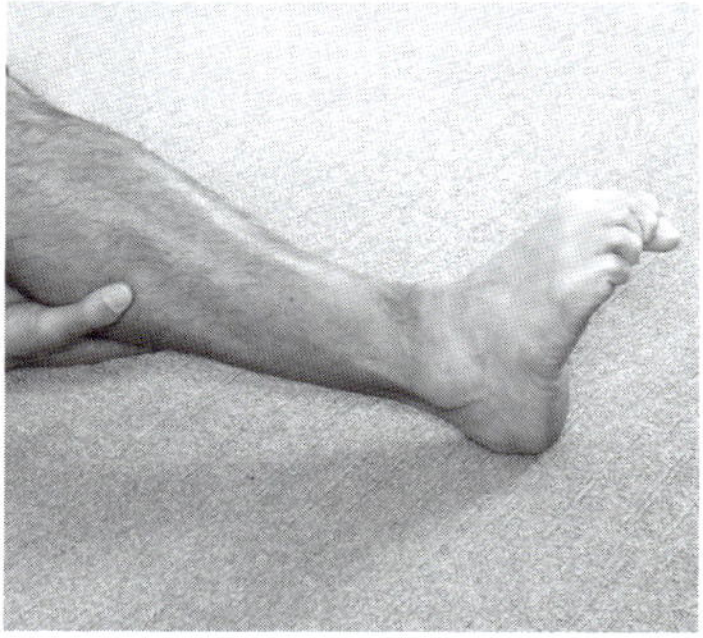

足の指を曲げると、ふくらはぎの筋肉が働くことがわかる。

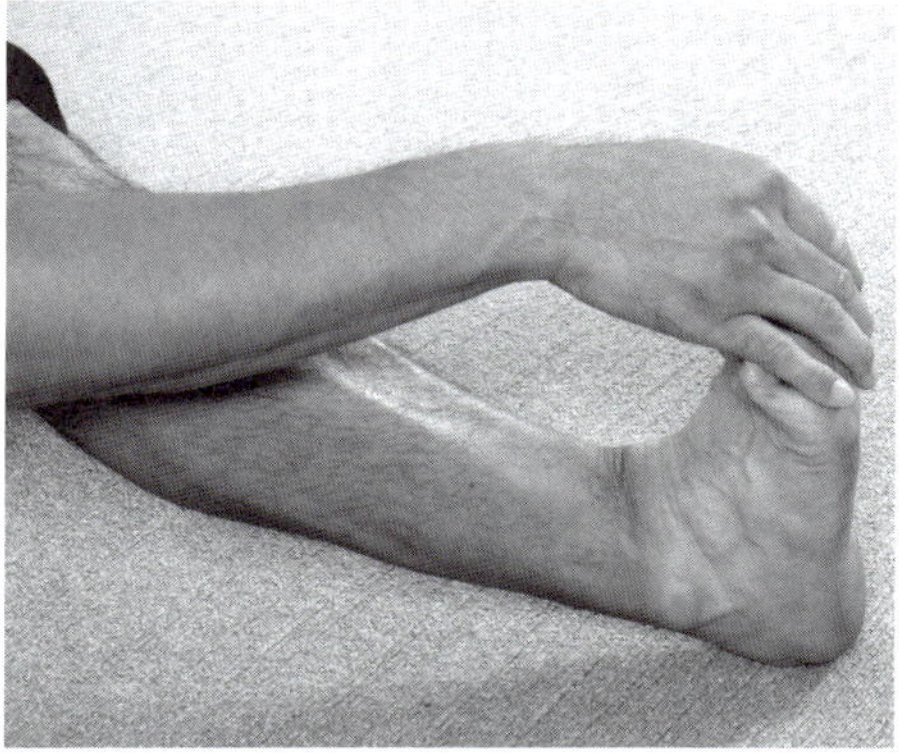

すね・ふくらはぎをうまく使えるようになる

足の指をうまく使えるということは、すねとふくらはぎの筋肉もしっかりと使えることを意味する。ここが弱いと、足首をちゃんと動かせないので、足をひねって捻挫や打撲などの怪我にもつながりやすい。

下半身編

疲れにくい足になる!!

土踏まずを作る

土踏まずがないのは親指中心のせい

最近、土踏まずがないという人が増えているそうです。しかし、本来、人間の足の骨には必ずアーチがありますので、身体構造上、土踏まずはあるのが当然なのですが、現代人の多くは自分で潰してしまっていると言えます。すなわち、足の指がうまく使えず、かつ膝が内に入っているため、足自体を内側に絞ってしまっているのです。結果、足の裏の内側＝土踏まずに体重がかかり、結果的に潰してしまっている人が多いです。

足の骨には必ずアーチがある

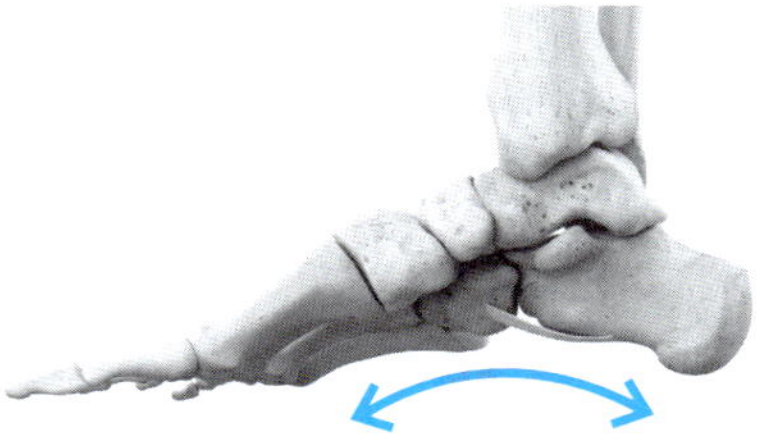

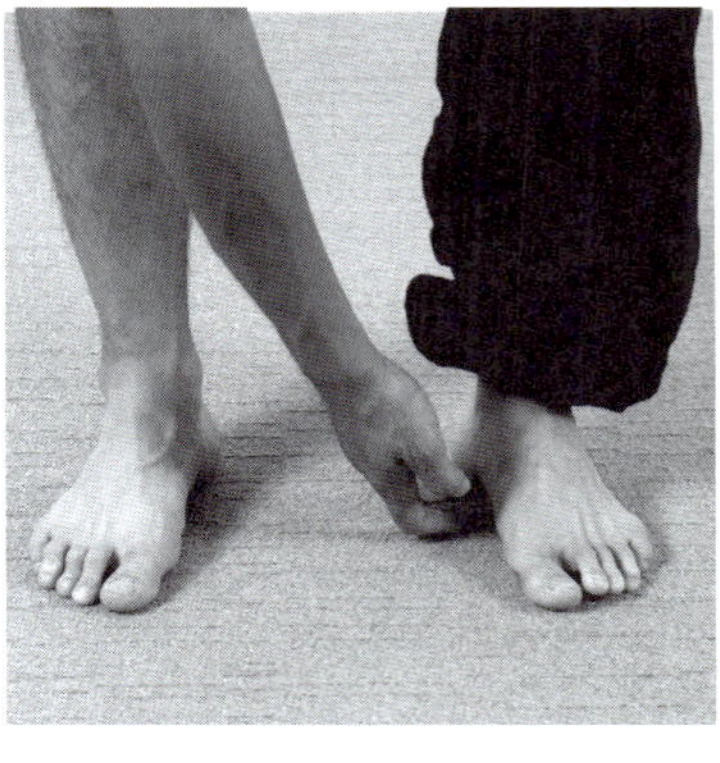

人間の足の裏の骨は自然とアーチを描いている。このため、もともと土踏まずはある。親指＝母趾球側に力が入り、膝が内向きだと、歩くたびに土踏まずを自分で潰してしまう。

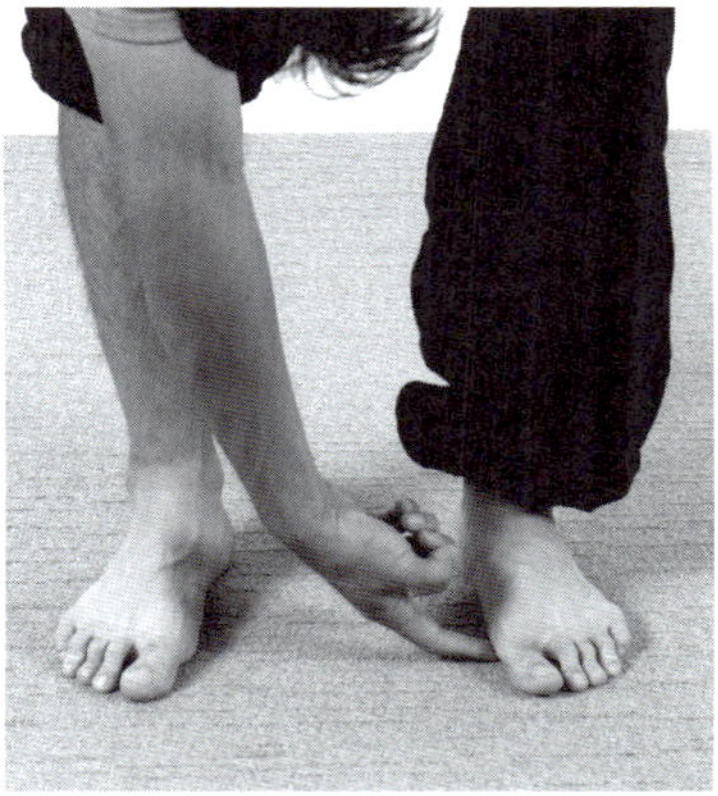

土踏まずは小指を意識して

小指がきかない人ほど土踏まずがない。そこで、母趾球が離れない程度に、土踏まずを1cmくらい持ち上げる。すると小指に力が入り小指側(外側)で立つようなイメージになる。こうすれば、土踏まずを潰すことはない。この状態をキープしたまま歩くと、第1章で説明したような歩き方になる。

高橋先生のワンポイント!

土踏まずがない人は足の裏が痛くなり、長時間立っているのがしんどいという話をよく聞きます。土踏まずがない人は、小指がうまく使えず、親指に力が入っている場合が多いです。そのため、お尻が下に落ちて、体重が足の裏に大きくかかるようになります。そうなると足の裏だけでなく、膝・足首にも負担がかかりますので、足の関節回りの怪我や痛みにもつながります。

土踏まずがないと疲れやすい

土踏まずがない場合

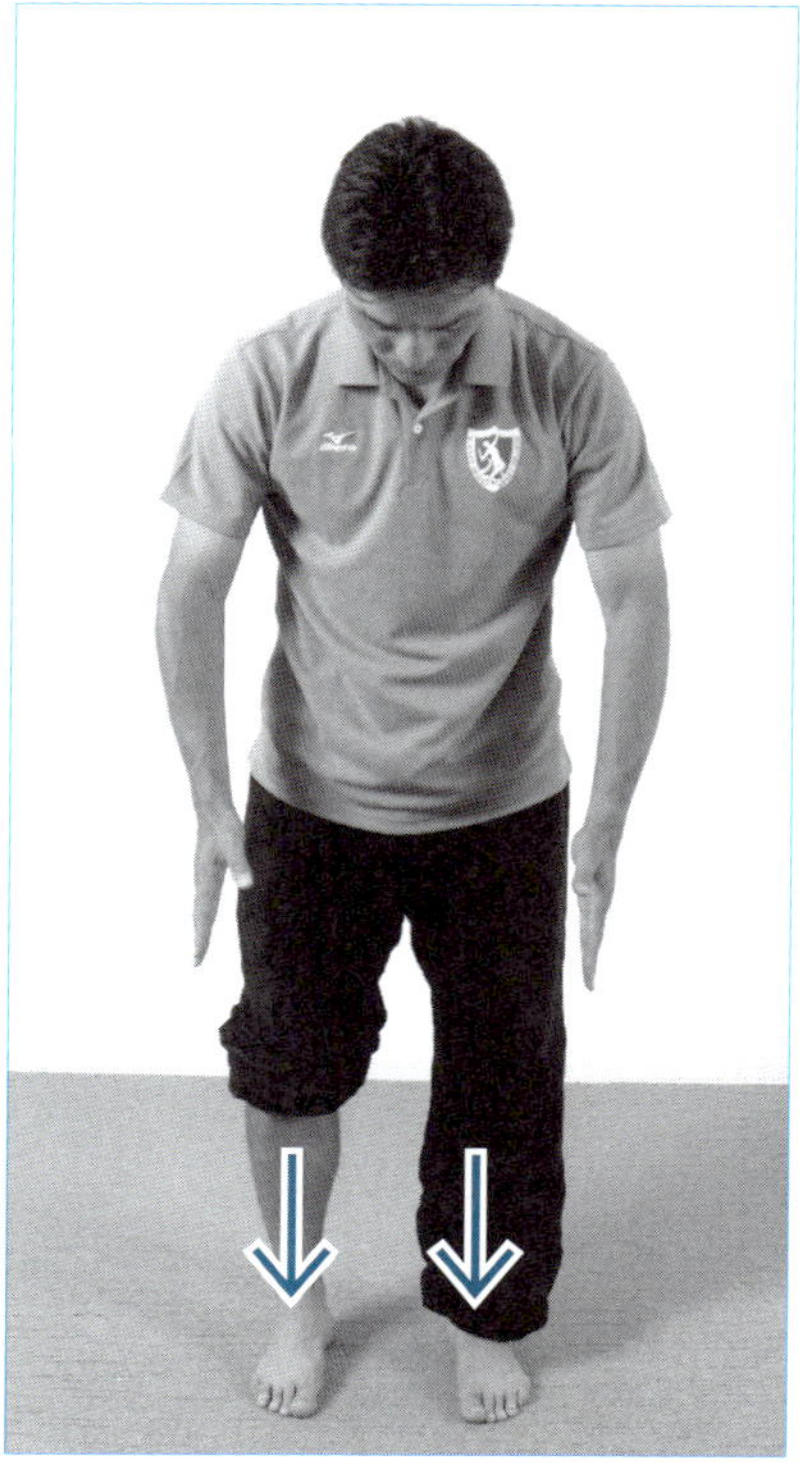

足踏まずがない人の多くは、親指に力が入っている。そのため、膝が内側に入り、2本の足でまっすぐ立っているイメージ。重さが垂直に足の裏全体にかかってしまい、足の裏への負担が大きい。

土踏まずがある場合

土踏まずがあり、小指に力が入った状態。三角形の形になるため、左右バランスよく支えられる。イメージで言うとテント張っているような形で、広く体を支えるので、安定し疲れにくい。

下半身編　膝の怪我を防ぐ!!

膝の動かし方

すねと足の裏を90度の関係にする

続いて膝の動かし方です。第1章では膝が内側と外側のどちらに向いているか、膝の向きを重視しましたが、ここでは膝とは別にすねと足の角度にも気をつけてみてください。

前ページで紹介した、膝を内側に入れず小指側で立つような、テントを張ったイメージの立位のまま、膝を曲げてしゃがみます。このとき、足の裏とすねが90度の関係を保つようにしてください。この関係を保つことが、実際に歩いたり走ったりするときにも重要になります。

前

小指側を意識した立位の状態から膝を曲げていく。

膝はやや外側を向き、そのままの姿勢でしゃがむ。

横

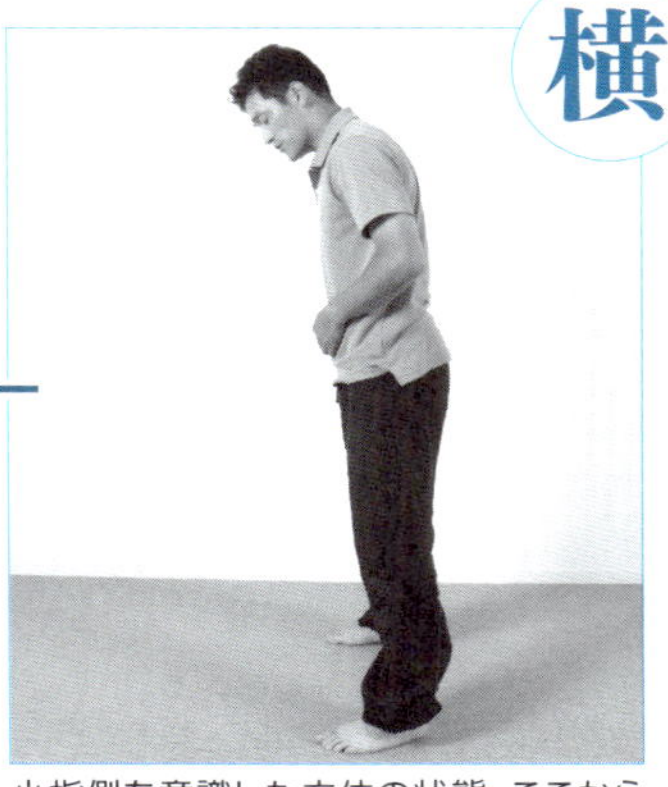

小指側を意識した立位の状態。ここから膝を曲げてしゃがむ。

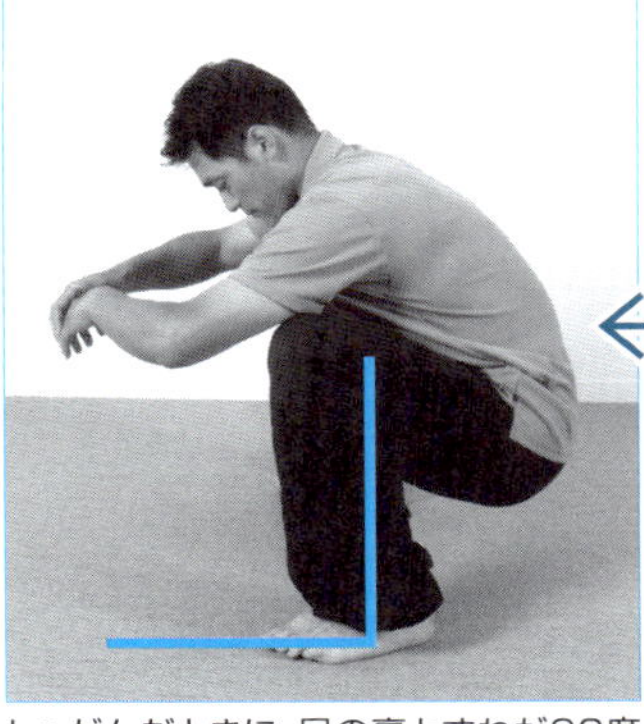

しゃがんだときに、足の裏とすねが90度になっていることに注意する。

注意!!

膝を前に出して、足の裏とすねの角度が90度よりも鋭角になったまま屈伸を繰り返すと、大腿部(太ももの前)の筋肉に負荷がかかります。また、すねを立てたまま、足の裏とすねの角度が90度をキープしたまま屈伸を行うと、ハムストリングス(太ももの裏)の筋肉に負荷がかかります。下の写真にも示した通り、できる限り、すねと足の裏を90度に保つことを心がけてください。まずは静止した立位の状態で屈伸をして、90度からブレていないかどうか、繰り返し確かめてみましょう。

すねを立てたまま、足の裏とすねの角度が90度をキープした状態。

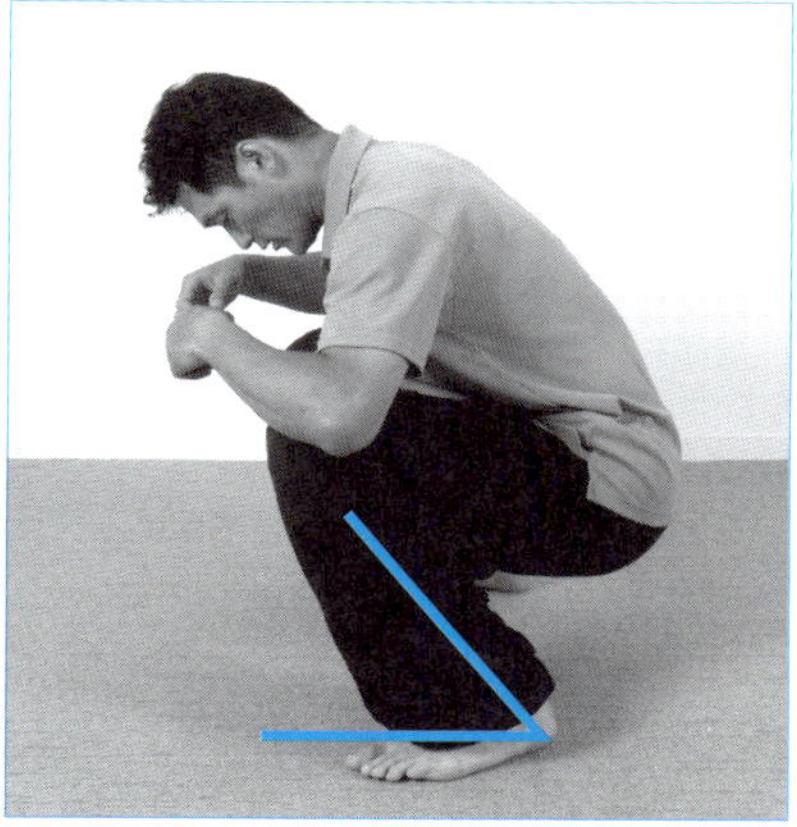

膝を前に出して、足の裏とすねの角度が90度よりも鋭角になった状態。

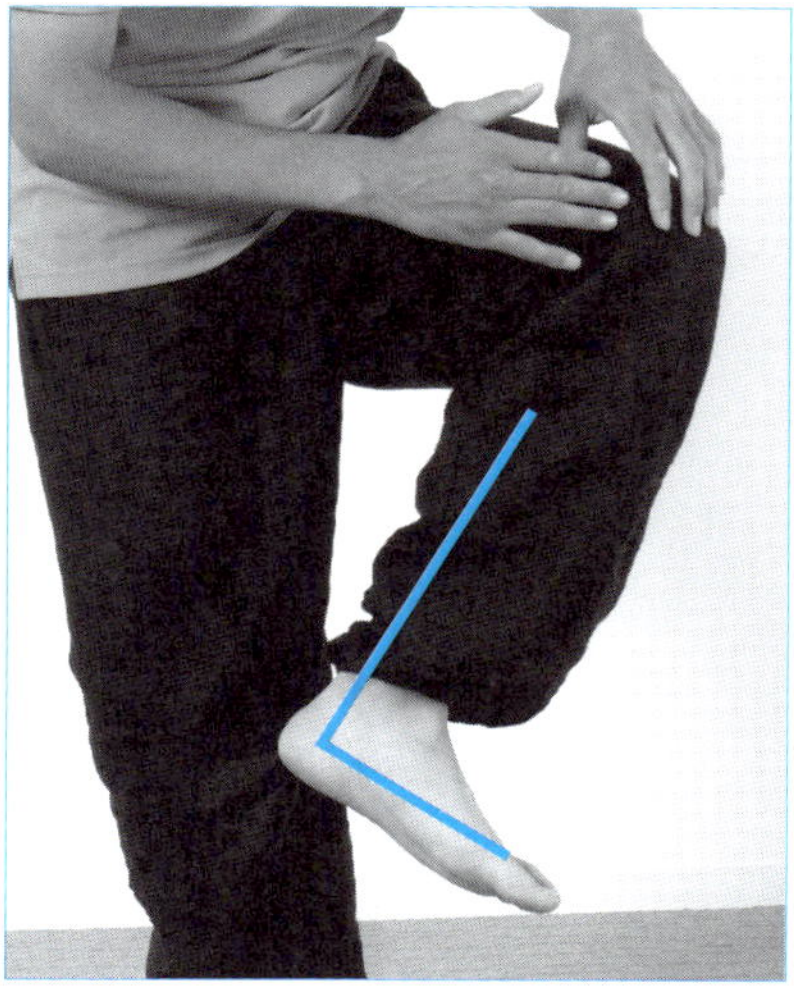

足の裏とすねの角度が90度になることを意識!

足の機能を考えたときに、ハムストリングス側の筋肉が発達していると、足本来の機能に適した動きを取りやすくなる。膝の上下運動(屈伸)をする際には、すねと足の裏が90度に保たれることがより足の機能には重要。とりわけ、歩いているときや走っているときなど、足が前後している際に、この角度が非常に重要になる。

下半身編　膝の怪我を防ぐ!!

足首の角度を意識

90度キープが膝の怪我を防ぐ!

足の裏とすねの角度を90度に保つことは、実際に歩いたり走ったりした際に意味を持ちます。歩いたり走ったりする際には基本的に足が前後していますが、その際にも足の裏とすねの角度を90度に保ちましょう。90度よりも鋭角だったり、逆に広角に開いてしまうと、きちんと体が支えられず、膝から地面に落ちやすくなります。膝の怪我を防ぎたいのなら、なるべくこの90度を保つように心がけましょう。

広角になりすぎる場合

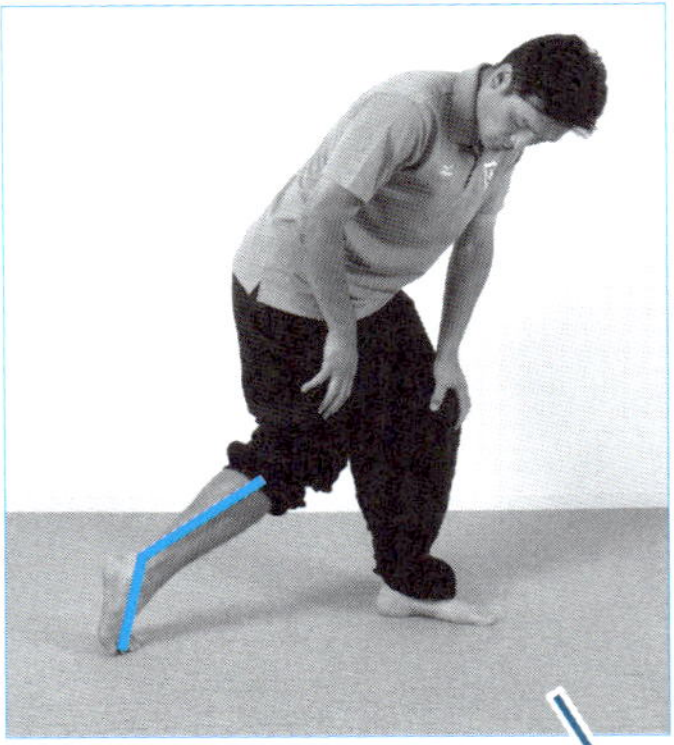

後ろの足の裏とすねの角度が広すぎる状態。

鋭角になりすぎる場合

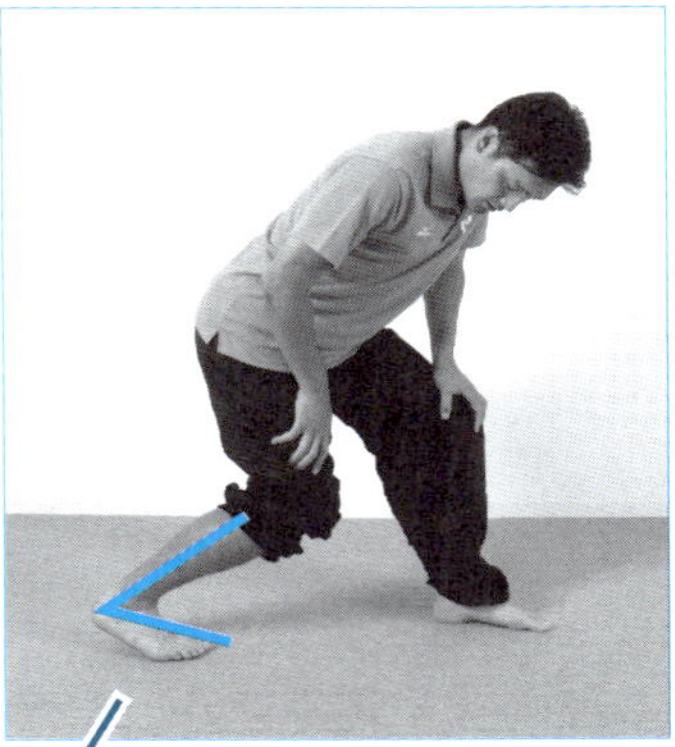

後ろの足の裏とすねの角度が狭すぎる状態。

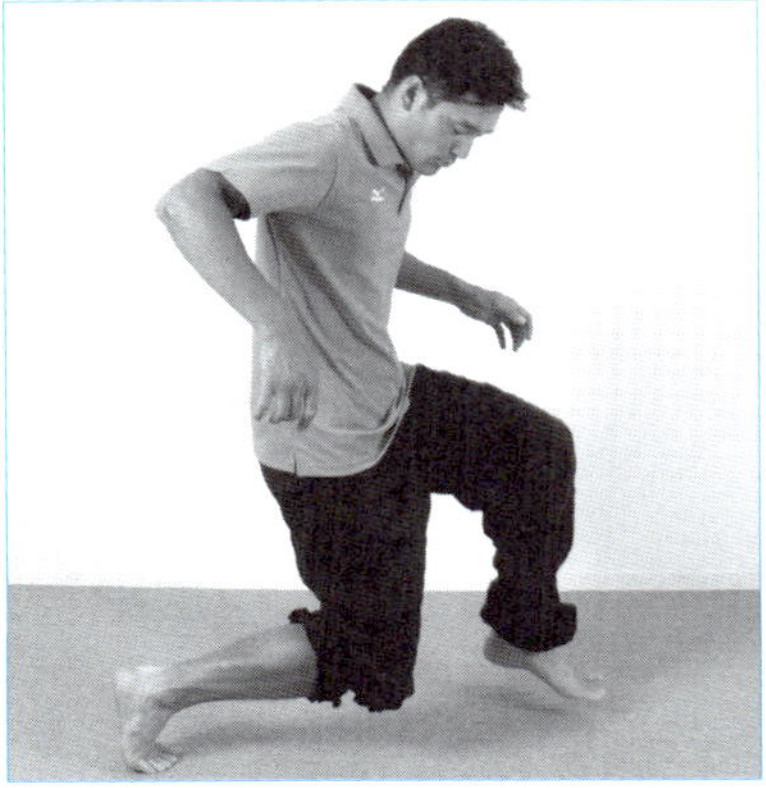

膝から地面に落ちてしまう

足の裏とすねの角度が90度よりも鋭角でも広角でも、体を支えるための力を足首に伝えることができず、膝が抜けてしまう。そのまま、地面に膝を打ち付けて、膝蓋骨の損傷や、膝前十字靭帯損傷などにつながる。

高橋先生のワンポイント!

足の裏とすねの角度が、90度か鋭角かで、負荷のかかる筋肉が異なることを説明しました。この筋肉の使われ方を意識すると、実際にスクワットなどの筋力トレーニングをする際に、自分の鍛えたい箇所に応じて動かし方を変えることができます。

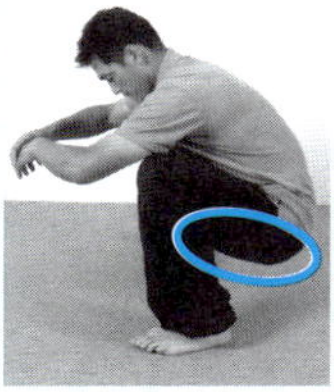
ハムストリングス

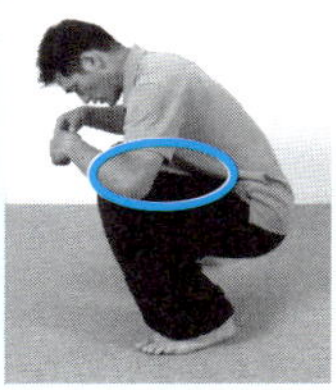
大腿四頭筋

足の裏とすねは90度をキープ!

歩いたり走ったりと、足が前後する場合でも、すねと足の裏の角度は常に90度を保ちましょう。そうすることで、足首をしっかりと使うことができ、バランスを崩して膝から地面に落ちてしまうのを防ぐことができます。

このままの状態で地面を蹴れば、体がブレることはない。

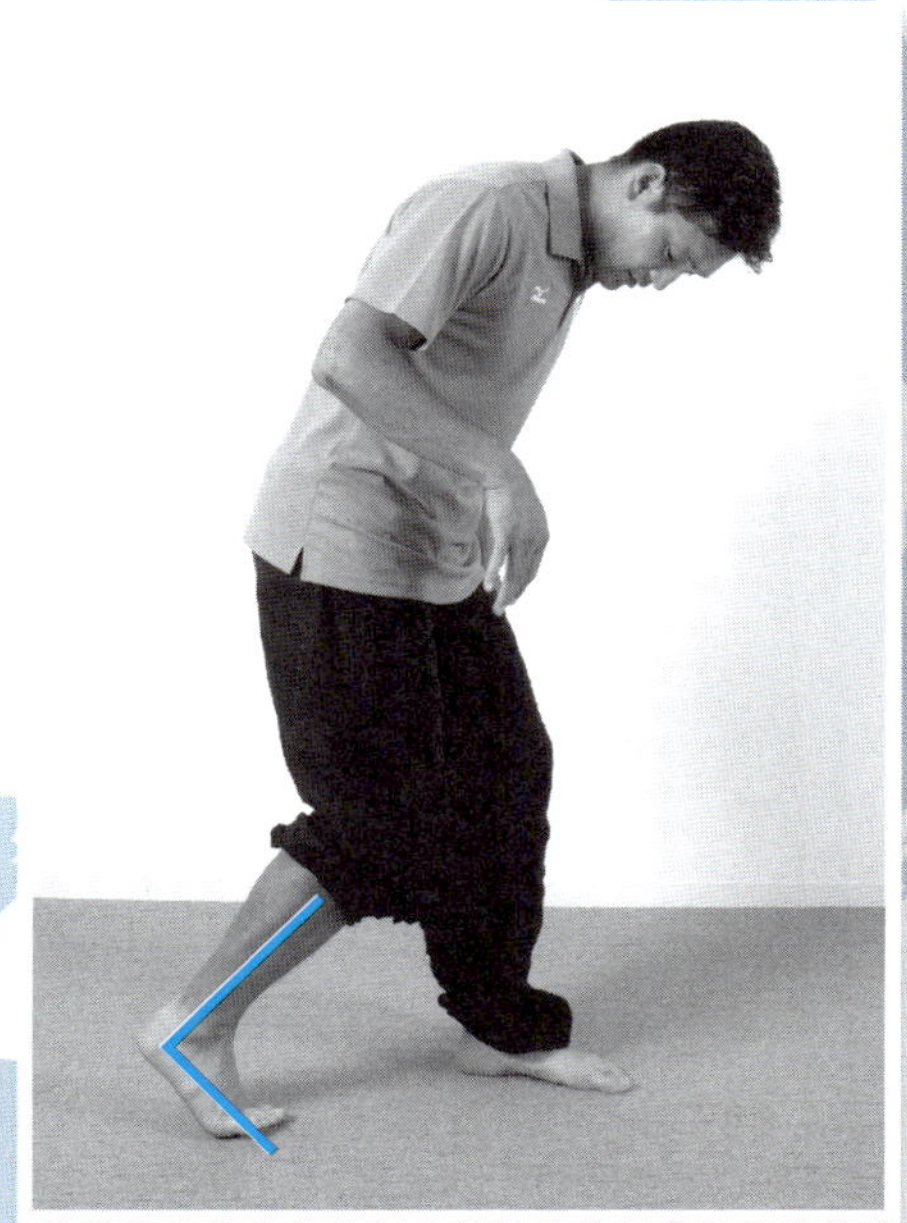
後ろの足の裏とすねの角度が90度を保った状態。

COLUMN 02

トレーニングの回数はどうしたらよい？

本書で紹介したさまざまな体の動かし方のエクササイズ、トレーニングは、実際にはどれくらいの時間で行ったり、回数をこなしたりすればよいのでしょうか。

例えば、第2章で紹介した肩甲骨のトレーニングは大きな筋肉に負荷をかけるわけではないので、続けようと思えば1時間でも2時間でも続けられます。しかし、あまりやりすぎると呼吸に使われる筋を刺激してしまう場合もあり、肺炎になる危険性すらあるので、1日10分以内に抑えておいたほうがよいでしょう。その他の運動についても、無理のない範囲内で、自分の体と相談しながら、回数を決めてみてください。

第3章

動けるカラダを作る実践トレーニング

普通の腕立て伏せでは体幹がうまく働かない

肩甲骨が上がると体幹はうまく働かない

本章では、第1~2章で説明してきた基本的な体の動かし方より、さらに少し負荷の強いトレーニング方法を紹介します。タオルや一本歯の下駄を用いたトレーニングもありますが、基本的には自重を用いた運動です。まずは、自重トレーニングの定番、腕立て伏せからです。

腕立て伏せを行うと、多くの場合、肩甲骨が寄って背中の真ん中でくっつき、それをただ戻すような動きになります。こうなると、肩甲骨をき

肩甲骨が上がり、体幹が使えていない腕立て伏せ

通常の腕立て伏せ。肩甲骨は下がっていない。

↓

肩甲骨が上がった状態。

一般的な腕立て伏せは、腕を曲げたときに肩甲骨をくっつけて、腕を伸ばしたときにもとに戻す、という動作で行われることが多い。しかし、これだと肩甲骨自体は上に上がっているだけなので、体幹をうまく使うことができない。

ちんと下げられていないので、体幹から腕への動線が切れてしまったような状態になります。こうした動きが習慣化してしまうと、例えば物を押す場合、腕だけの力で押すことになってしまい、肩甲骨を活かすことができません。体幹の力が手に伝わらず、あまり力の入らないような動かし方になります。

まずは腕立て伏せをする際、きちんと肩甲骨を下げることを意識してみてください。次ページでも見ていきますが、肩甲骨を上げるだけでなく、下げることができていると、体幹から肩甲骨へ力が伝わり、物を押す際に楽に大きな力を出すことができます。

第2章で説明したように、肩甲骨を下げるのを意識することは、こうした動作とつながってきます。

肩甲骨が上がった姿勢で、物を手で押すと上のような姿勢になる。

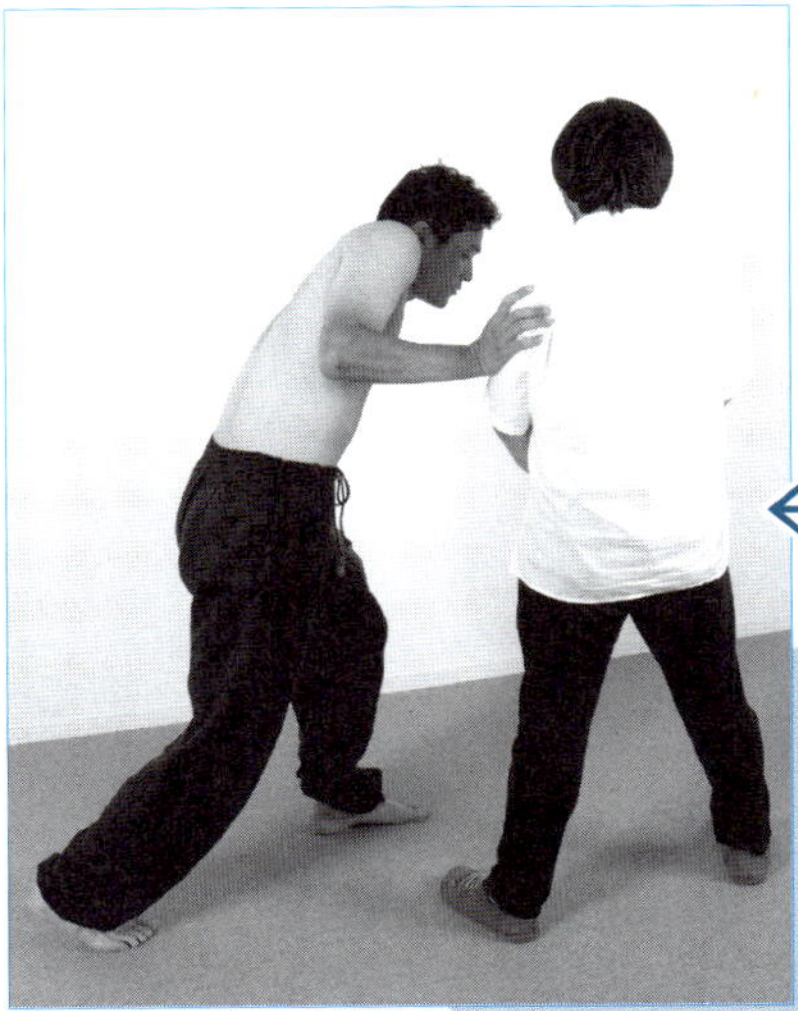

この状態で押しても、腕の力だけで押すことになり、ビクともしない。

ポイント

肩甲骨を下げた状態で押す

体幹をうまく使って物を押すには、肩甲骨が下がっていることが重要。肩甲骨が下がると脇腹の筋肉に負荷がかかります。物を押す際にも脇腹を意識するとよいでしょう。

肩甲骨を下げれば体幹が働く

脇腹に負荷を感じるくらい肩甲骨を下げる

前ページの「ポイント」でも紹介したように、肩甲骨がきちんと下がっていれば、体幹の力をうまく腕と連動させることができます。まずは、肩甲骨を十分に下げることを意識してみてください。肩甲骨を下げると、脇腹に負荷がかかるのがわかると思います。そのままの姿勢で、試しに人や物を押してみると、肩甲骨が上がった状態ではビクともしなかったのに、今度は思いの外、簡単に大きな力を出すことができます。

肩甲骨を下げる

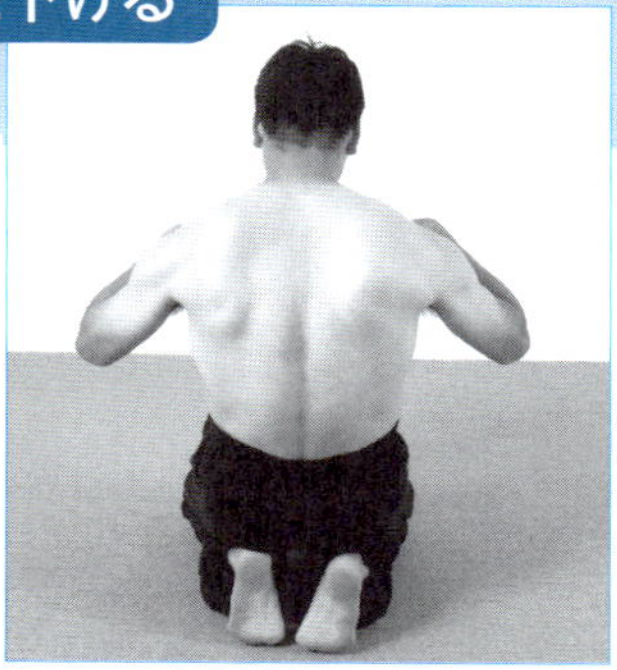

肩甲骨を下げる。背中を広げるようなイメージ。

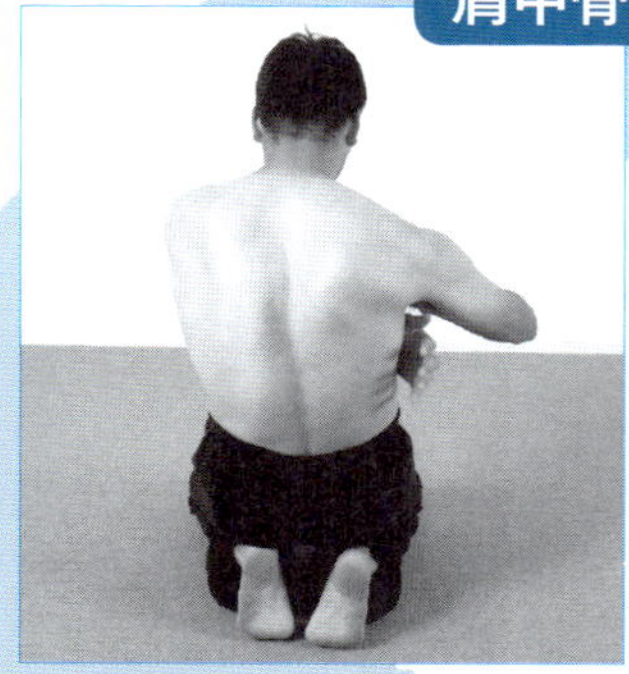

脇腹にじんわりと負荷がかかるのがわかる。

肩甲骨を下げた状態で押してみると……。

楽に大きな力を出すことができる。

体幹が働き大きな力が出せる

実践トレーニング

体幹を鍛える腕立て伏せ

腕立て伏せをしつつ体幹を鍛える

それでは肩甲骨を下げた状態で、腕立て伏せをやってみましょう。背中を広げるような感覚で肩甲骨を下げ、脇腹に負荷がある感じを意識します。そのままの姿勢で、肩甲骨の位置を変えずに、腕を曲げます。このとき、背中の真ん中で肩甲骨がくっついてしまわないようにします。肩甲骨はあくまでも下げたままです。こうすると、脇の下から脇腹にかけての部位で地面を押しているようなイメージとなり、腕立て伏せが体幹トレーニングになります。

背中を広げる

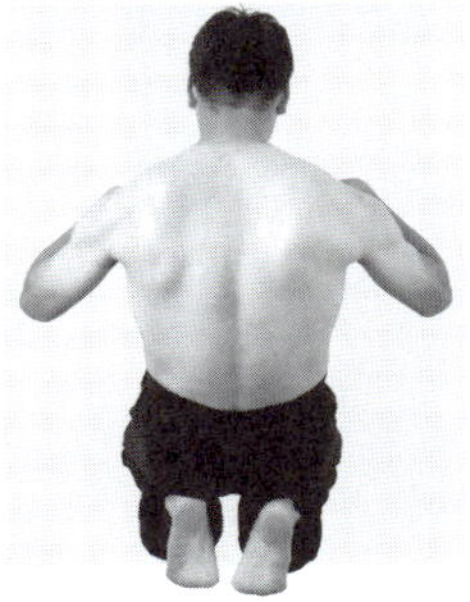

肩甲骨を下げる

肩甲骨の位置を変えずに腕立て伏せをする

肩甲骨が下がっていると、背中の真ん中で骨がくっつかない。腕よりも脇腹に効く。

肩甲骨を下げたまま、腕だけで、曲げ伸ばしをする感覚。

実践トレーニング

肩甲骨を意識したカエル倒立

体幹で行う倒立運動

体幹を使った腕立て伏せができたら、カエル倒立にも挑戦してみましょう。四つん這いになって、頭を下げていくと、自然と足が浮いてくるポイントがあります。肩甲骨をしっかりと下げていれば、体幹と手がつながっているので、体を支えることも簡単です。肘に意識的に膝を乗っけようとしなくても、自然に乗っていきます。この場合、筋肉量は関係ありません。小学生でも肩甲骨の使い方と、頭を下げていくやり方を説明すればすぐに行うことができます。

肩甲骨を下げて背中を広げ、床に手足をついて、前方に頭を下げていくと、足は自然と浮く。膝に無理に乗らなくても、手と体幹で支えることができ、足が浮いた状態をキープできる。ここからさらに頭を下げることで倒立の姿勢になる。

肩甲骨を下げて、床に手足をつき、頭を倒していく。

しっかりと肩甲骨が使えていれば、自然と足が浮き、その状態を保つことができる。

肩甲骨を下げる

背中を広げる

床に手をつき、
頭を前方に下げる

そのまま頭を
下げ続ける

うまく骨が並び、
足が浮く
ポイントがある

そのまま頭を前に
下げ続ける

**倒立が
できる!**

ポイント

肩甲骨を下げた状態で押す

体幹が使えていないとしっかりと体を支えることはできません。肩甲骨を下げて、脇腹を使うことを意識し、手で体を支えるというよりも、体幹で体を支えるようなイメージで行いましょう。倒立も最初は難しいと思いますが、焦らずに徐々にチャレンジしていくとよいでしょう。

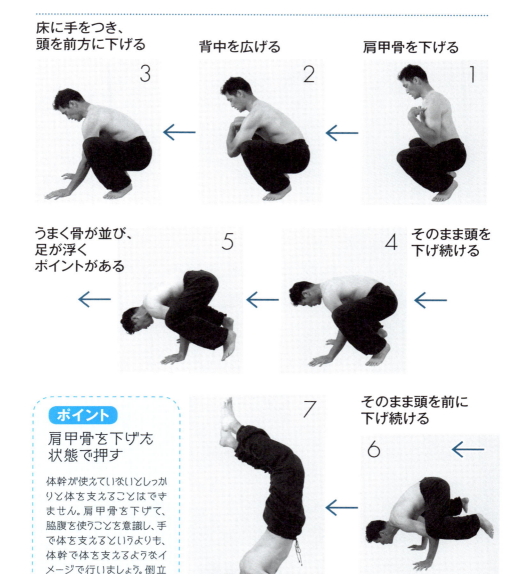

四股踏みは足を持ち上げない・ねじらない

足の上げ下ろしだけでは四股ではない

今度は四股踏みにチャレンジしてみましょう。体幹から股関節、膝、足首、足指と連動させて行うので、体の動かし方という点では、非常に効果的なエクササイズになります。

通常の四股踏みは両足を寄せて、片足を振り上げ地面に下ろすような動きをする場合が多いです。しかし、それだと足はただの重りにしかなりません。重たいものを上げて下ろすという窮屈な動きになってしまい、それだと、体幹から足までつながりができません。

四股踏みの悪い例① 足だけを持ち上げる

1

肩幅よりも広く足を開き、中腰に。

2

一方の足をもう一方の足の側に引く。

3

引いた足を振り上げる。

4

そのまま足を下ろす。

ただ足の上げ下げになってしまう

足だけを上げたり下ろしたりする動きになり、体幹から足まで連動しない。

四股踏みの悪い例② 体幹をねじってしまう

1

片方の足を上げる姿勢。

2

頭と腰が、上げる足とは反対側にねじれている。

3

こうなると足が真横に上がらない。

4

反対側も同様。

5

足は体の後ろに上がってしまう。

四股をする際に注意しなければならないのは、まず足だけの上下運動にならないこと。そして、足を上げる際に勢いをつけるため、頭や腰をひねって、体幹をねじってしまわないこと。こうすると体幹からの力が足にきちんと伝わらない。足も真横に上がらなくなる。

実践トレーニング

骨盤を意識した四股踏み

全身で行う四股踏み 骨盤を押しつける

それでは四股踏みはどうすればいいのかというと、いったん体重を全部、グッと上げないほうの足側にかけます。太ももに対して骨盤を押しつけるような格好です。そうすると勝手に反対側の足が上がっていきます。そのまま押しつけ続けると、足は地面に対して平行になるまで上がりますので、自然に下ろします。反対も同様です。こうすれば、足だけの上げ下ろしではなく、全身を使った四股踏みになります。

足幅を広くとり、四股踏みを始める姿勢。

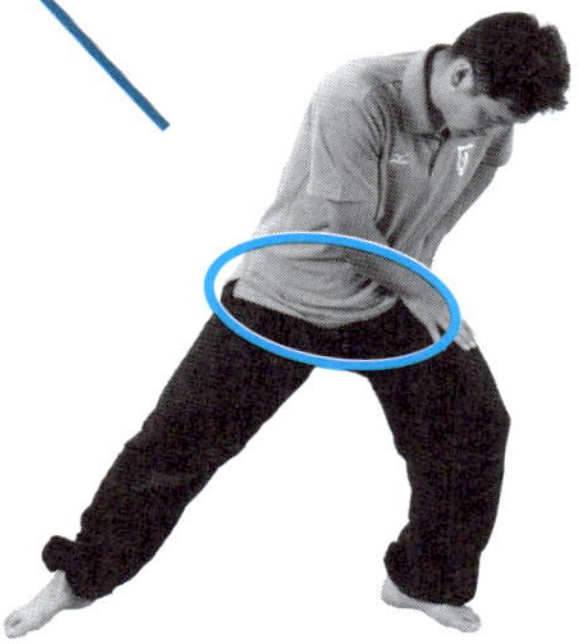

上げる足とは反対側に骨盤を押しつける。

3

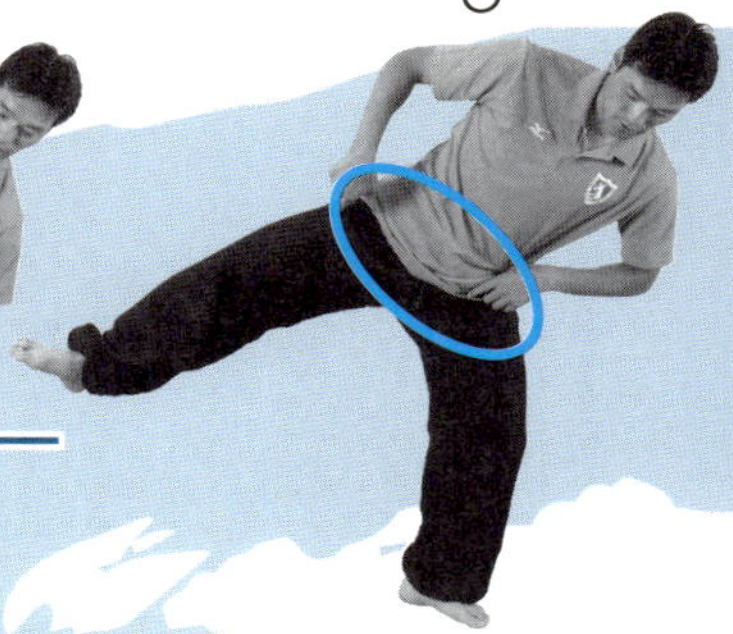

自然と足が上がっていく。

4

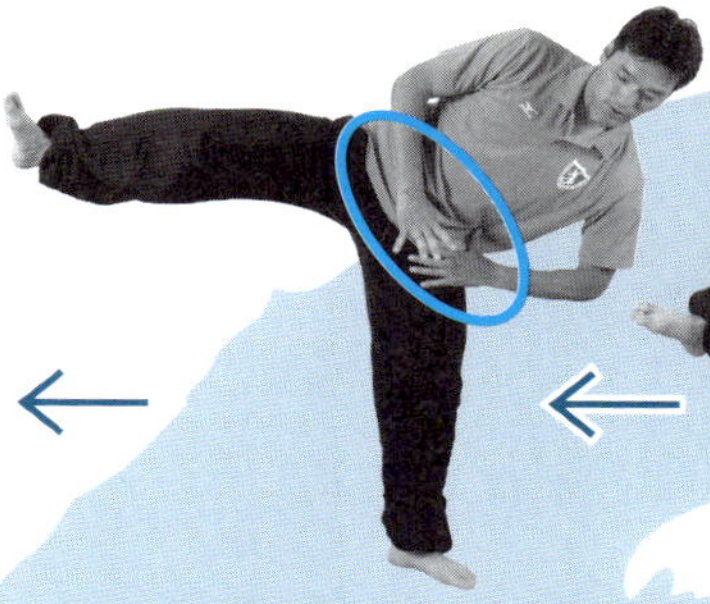

骨盤を押しつけ続けると、足が地面と平行になるまで上がる。

5

自然に足を下ろす。

6

下ろした側の足に骨盤を押しつける。

7

反対側の足が自然と上がる。

8

骨盤を押しつけ続けると、足が地面と平行になるまで上がる。

9

自然に足を下ろす。

重要なのは小指と骨盤

骨盤を意識することで、足だけを上げるのではなく、体全体で四股を踏むことができる。注意したいのは骨盤を押しつけるようにする際、体重が膝に乗らないこと。親指ではなく小指を意識すると、うまく骨盤を足に押しつけることができ、自然と反対の足が上がる。四股を踏むときに親指を意識すると膝が内側に入り、膝で体全体を支えることになる。すると、反対の足はあまり高く上げることはできない。最初は相当、お尻がしんどい場合が多い。

壁の前で四股踏み

膝が前に出ないので壁に当たらずに動かせる

前ページで紹介した四股踏みは、体をねじらず、骨盤で押すことで真横に足を上げるので、壁の前で行うこともできます。最初はちゃんとできているか、チェックがわりに壁の前で四股踏みをやってみてもいいでしょう。

貴乃花親方（当時）がボクシングの村田諒太さんと対談をしている記事がスポーツ雑誌『Number』（文藝春秋）に掲載されていました。その中で貴乃花親方が、父親の故・二子山親方に「壁にくっついて四股を

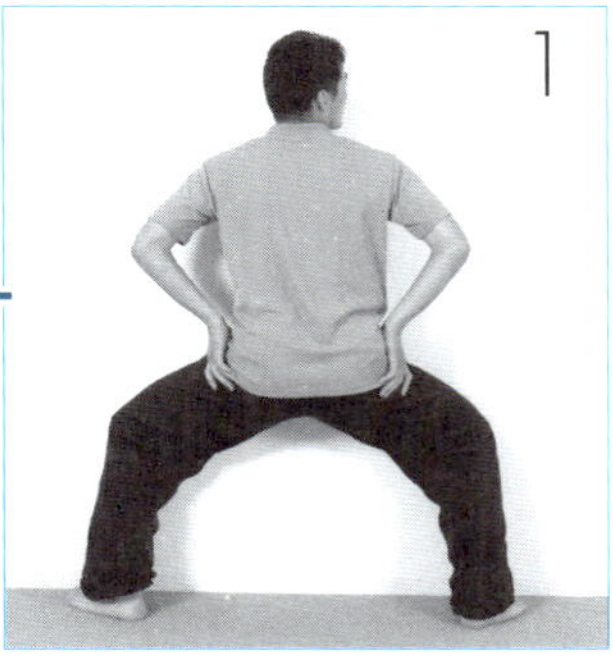

足を開いて四股を始める姿勢で、胸を壁につける。

上げる足とは反対側に骨盤を押しつける。

壁に膝が当たらない

下ろした側の足に骨盤を押しつける。

踏むのがあたり前だ」と言われたとおっしゃっていました。

どういうことだろうかと思ってやってみたのですが、壁に胸をくっつけて立つと、普通の四股踏みのように足を引き寄せようと思ってもできません。しかし、唯一、82ページの四股踏みのように、足を開き、上げないほうの足に体重をかけて、骨盤を押しつけ乗せていくと四股が踏めました。前にも後ろにも出ることなく、壁にくっついたまま四股が踏めます。

これに慣れたら、壁がない状態でも同じようにできるようにします。そうすると、体幹を連動させた四股を踏むことができます。

相当お尻に負荷がかかりますので、女性の方でお尻を鍛えてリフトアップしたいという人にもある程度、効果があるでしょう。

足が自然と上がる。小指を意識し、膝が前に出ないようにする。

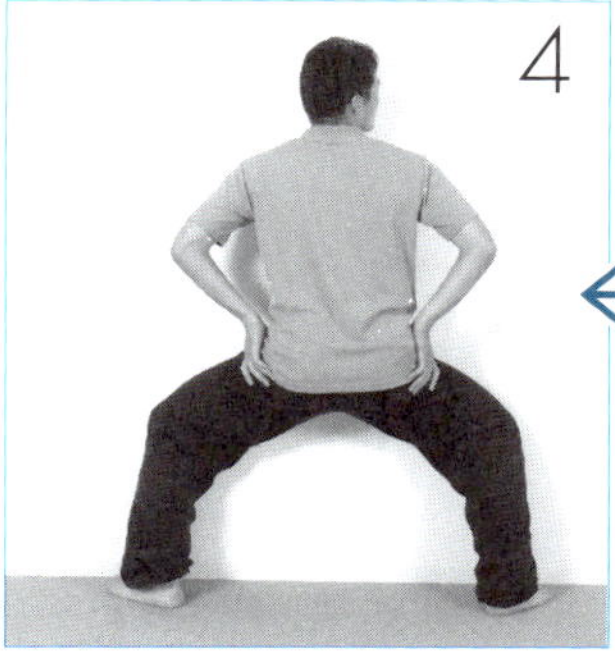

足を下ろす。膝が前に出ないので壁にぶつからない。

反対側の足が上がる。

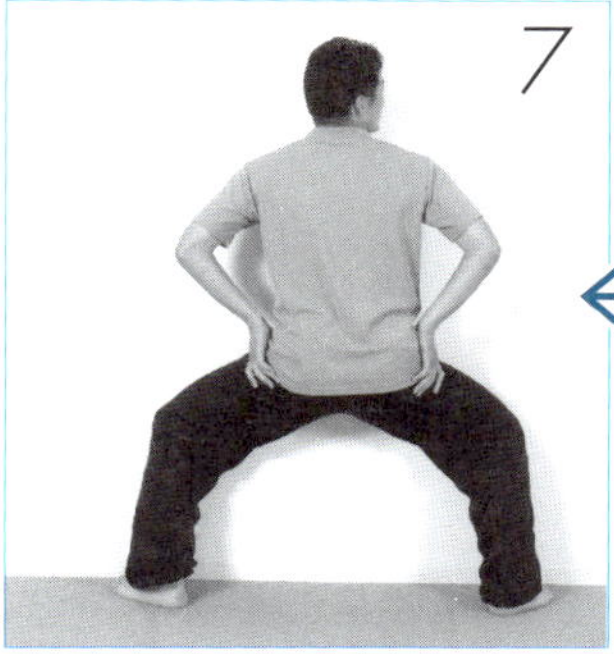

地面と平行になったところで下ろす。

実践トレーニング 壁スクワット

膝の使い方を覚えるトレーニング

壁の前での四股踏みと同様に、壁の前でスクワットをしてみてもよいでしょう。これは、第1章で紹介した膝の向きと座り方の動作を、きちんと行えているかのチェックにもなりますし、膝の使い方を覚えるトレーニングにもなります。足の親指に力が入っている場合、膝は内向きになるため、どうしても前に出てしまい、壁にぶつかります。しかし、足の小指にきちんと力を入れ、膝が外側に向いていれば、壁にぶつかることなく、スクワットができます。

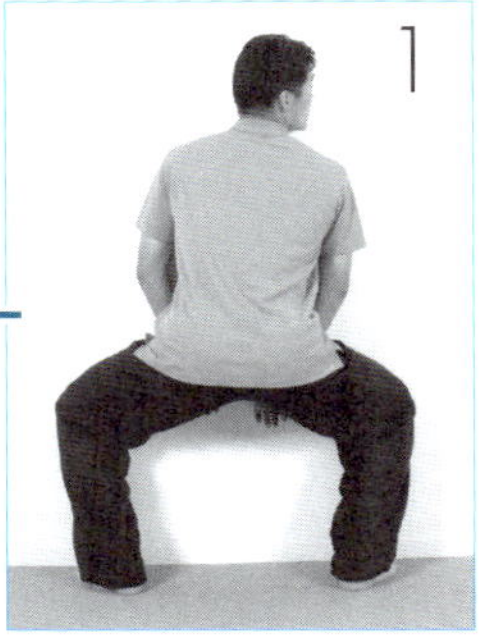
1
壁の前に立ち、胸をつけしゃがんでいく。

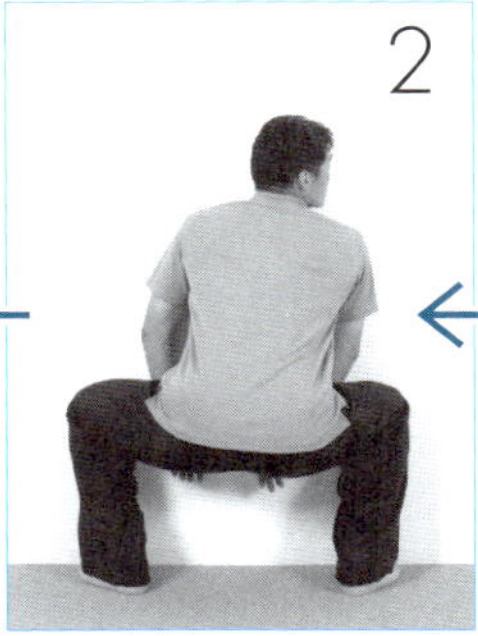
2
小指に力を入れ、膝が外側を向いて入れば、壁にぶつからない。

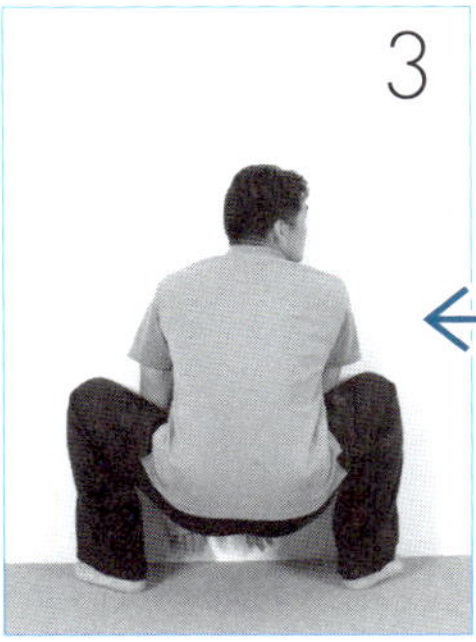
3
下までしっかり、しゃがむことができる。

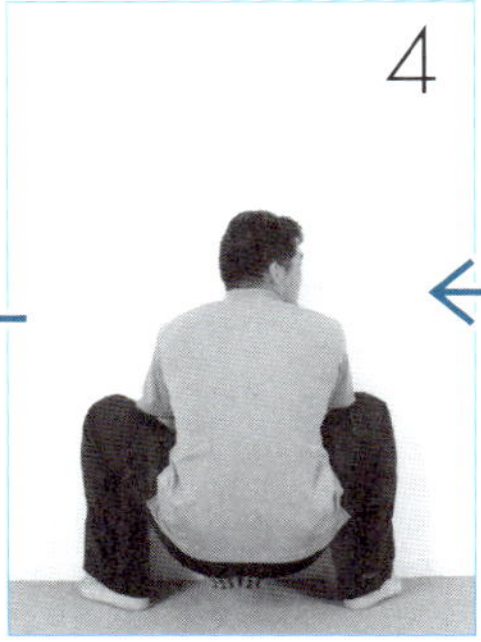
4
今度はここからそのままの体勢で、立ち上がる。

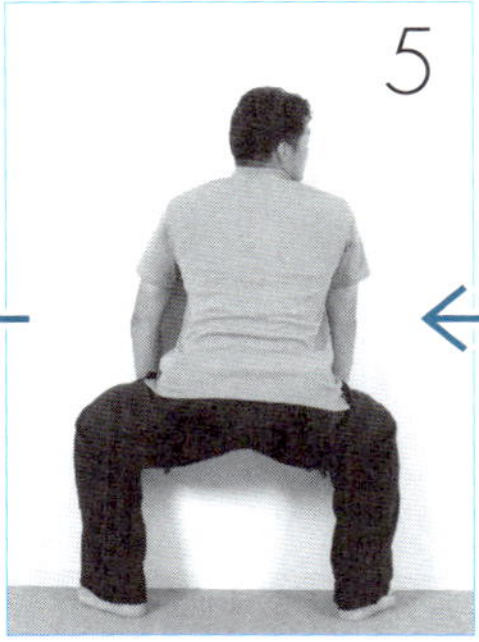
5
同様に膝を外側にキープできれば、壁にぶつからない。

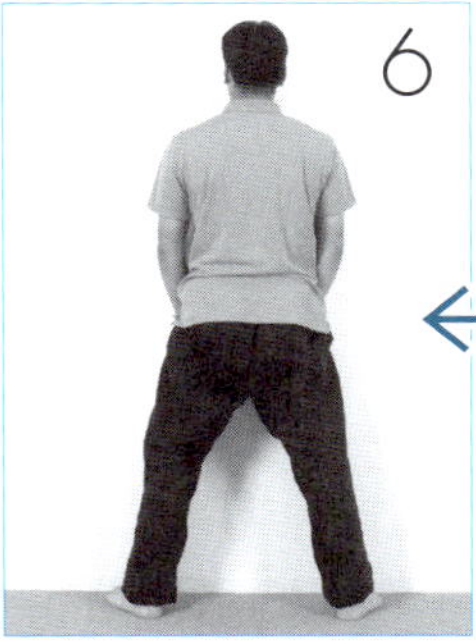
6
小指と膝を適切に使えば、壁スクワットができる。

親指に力が入っている場合

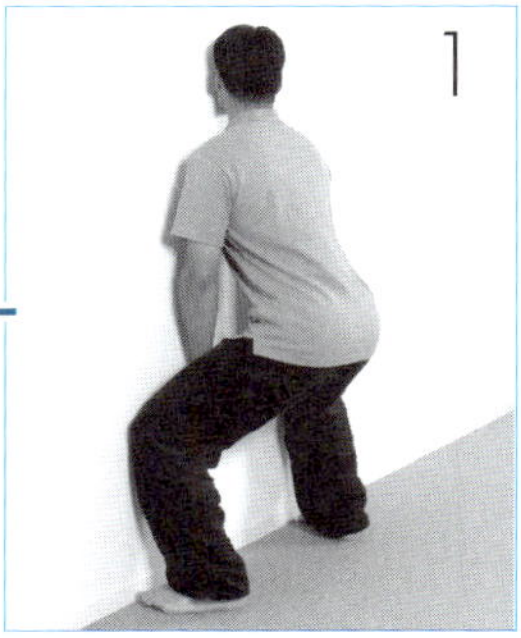

親指に力が入ると膝は内側を向く。

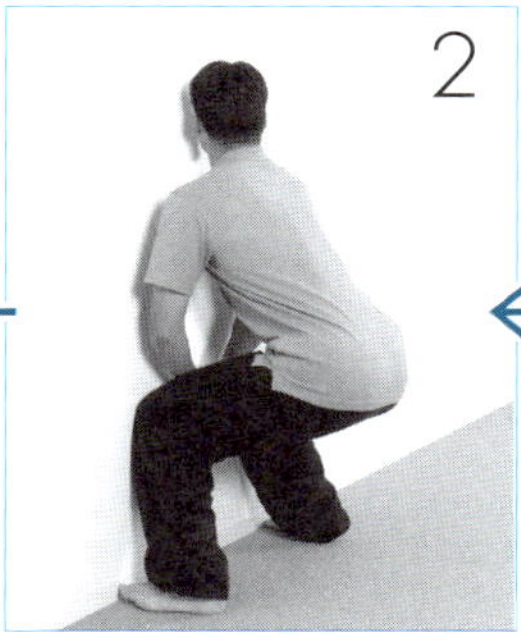

そのままの姿勢でしゃがむと、壁に膝がぶつかってしまう。

結果、壁に押されて後ろに倒れてしまう。

小指に力を入れ、膝が外側を向いている場合

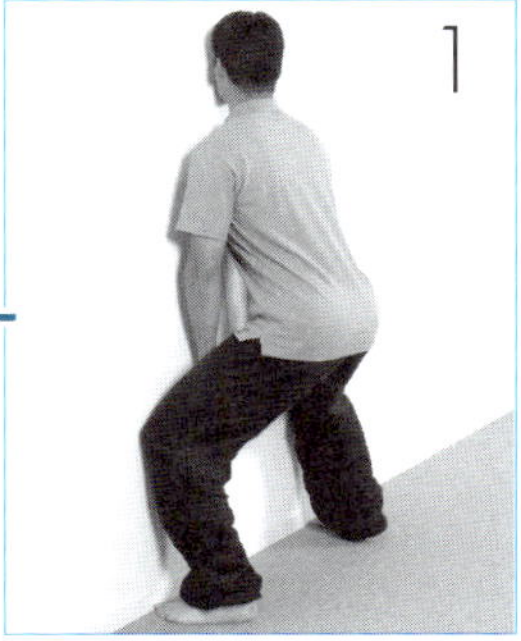

小指に力が入れば、膝は自然と外側を向く。

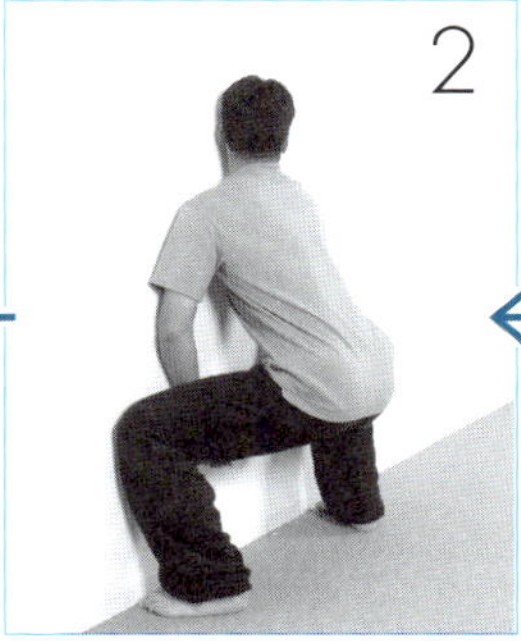

壁にぶつかることなく、膝を曲げることができる。

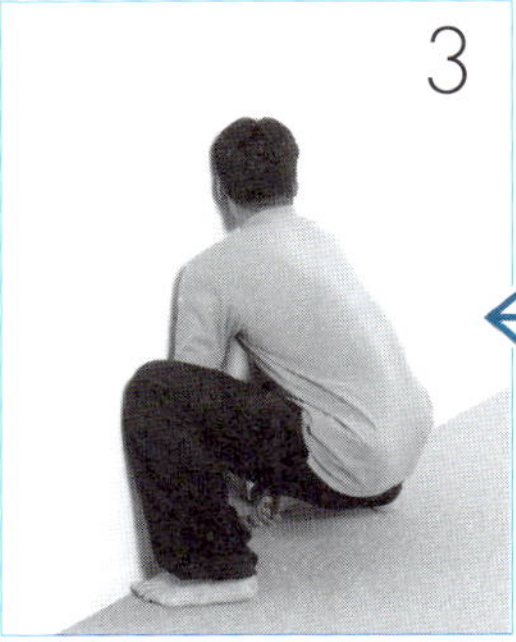

下までしゃがむことができる。

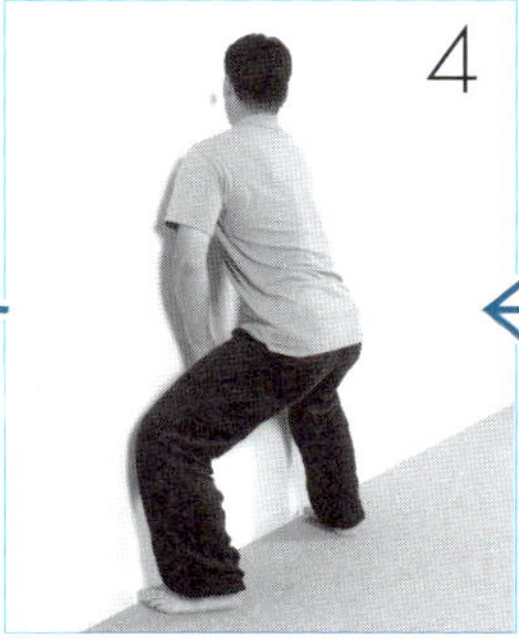

今度はここからそのままの体勢で、立ち上がる。

同様に膝を外側にキープできれば、壁にぶつからない。

膝は内側を向き、やや閉じた状態にすると前に出やすくなる。その場合、親指に力が入っていることがしばしば。逆に膝が外側に向き、開いているような状態だと、小指に力が入っている場合が多い。小指と膝をうまく使えていれば、壁に押されずに、ちゃんとスクワットをができる。

実践トレーニング

長座のお尻持ち上げ

肩甲骨と大腰筋を意識してトレーニング

肩甲骨をグッと下げることを目的にしたトレーニングです。かなりきつい動きですが、焦らず少しずつ習得していってください。

まず長座の姿勢になり、両手を体の両側の床について、お尻を持ち上げます。その際に肩甲骨が下がっていくことを意識します。そしてそこからかかとを浮かし、足を上げていきます。

このとき、足だけを上げようとするとうまくいきません。むしろ足を

前

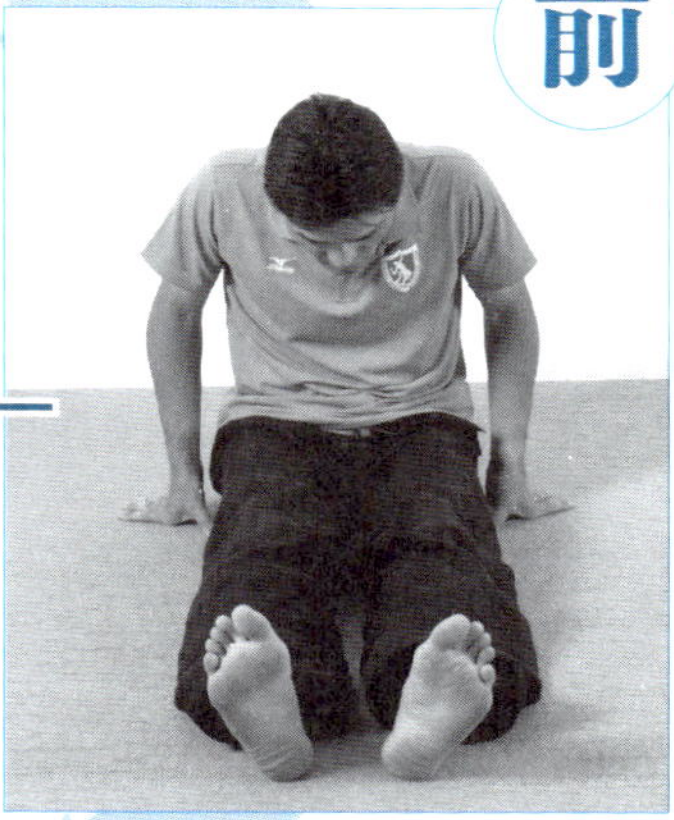

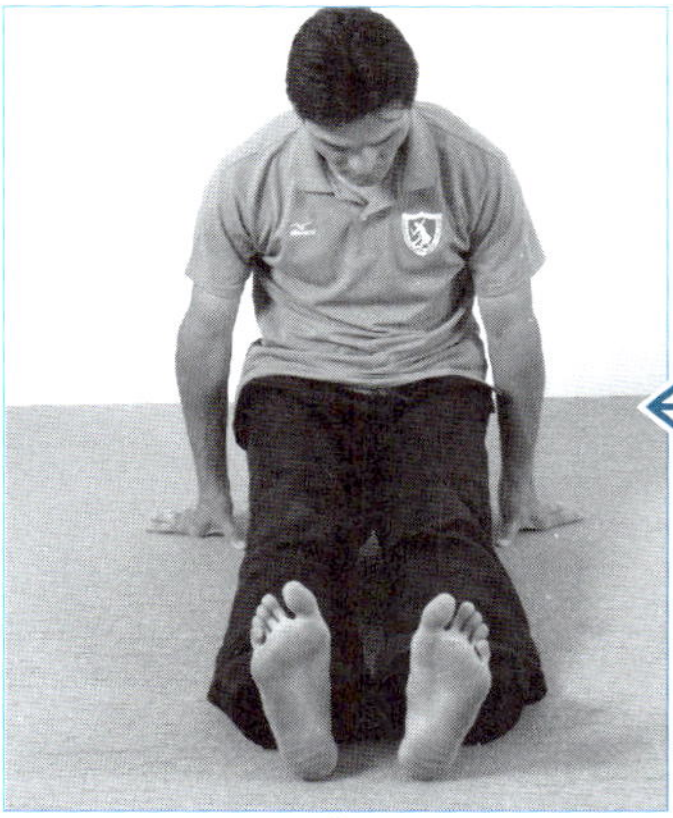

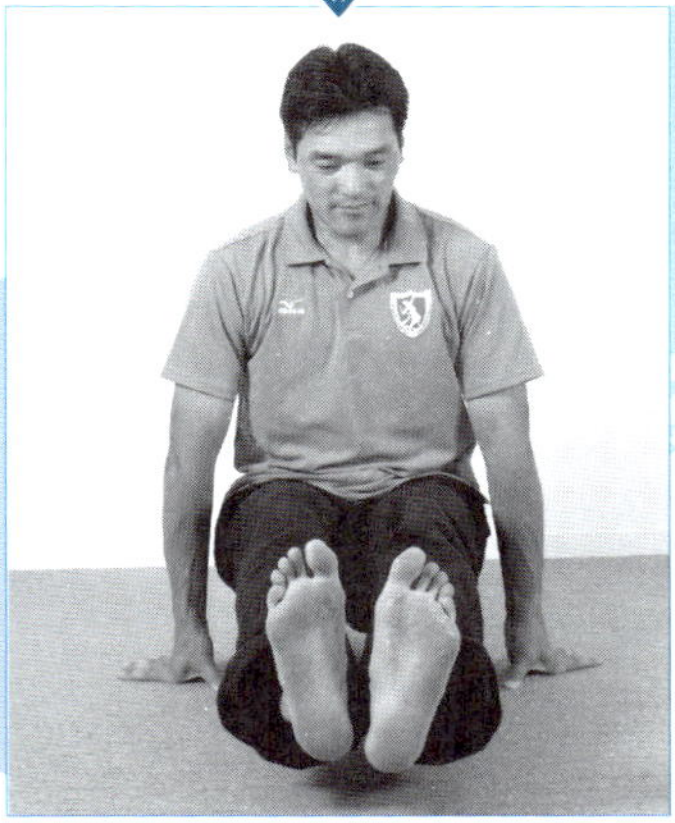

基本的にはこのトレーニングも肩甲骨をいかに下げ続けていられるかを訓練するもの。足のトレーニングではないので、まず脇腹に負荷がかかっていることを意識して取り組んでみるとよい。

自分の側に引きつけるような感覚でやるとよいでしょう。そうすると、大腰筋と呼ばれる背中側から体の骨盤前を通って大腿骨の前についている筋肉が動きます。体幹に足を引きつけるような動きをする筋肉です。背中から始まってお腹を通り、太ももまでつくので、言わば「背中のお腹」といったところでしょうか。

最初から足を上げるのは難しいので、まずはお尻を上げるところから始めるといいでしょう。さらに鍛えたいという人は足を上げることに挑戦してみてください。

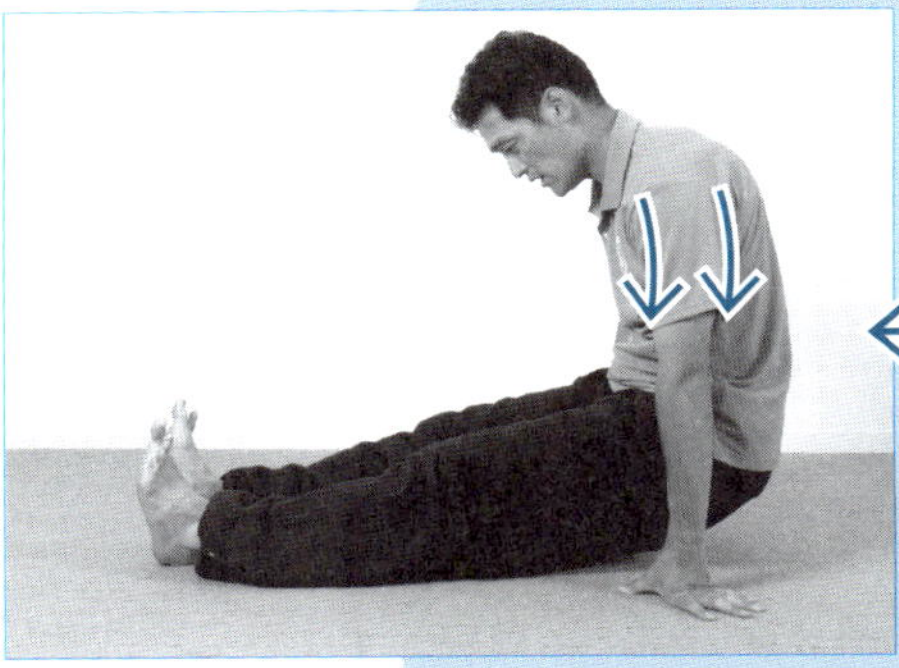

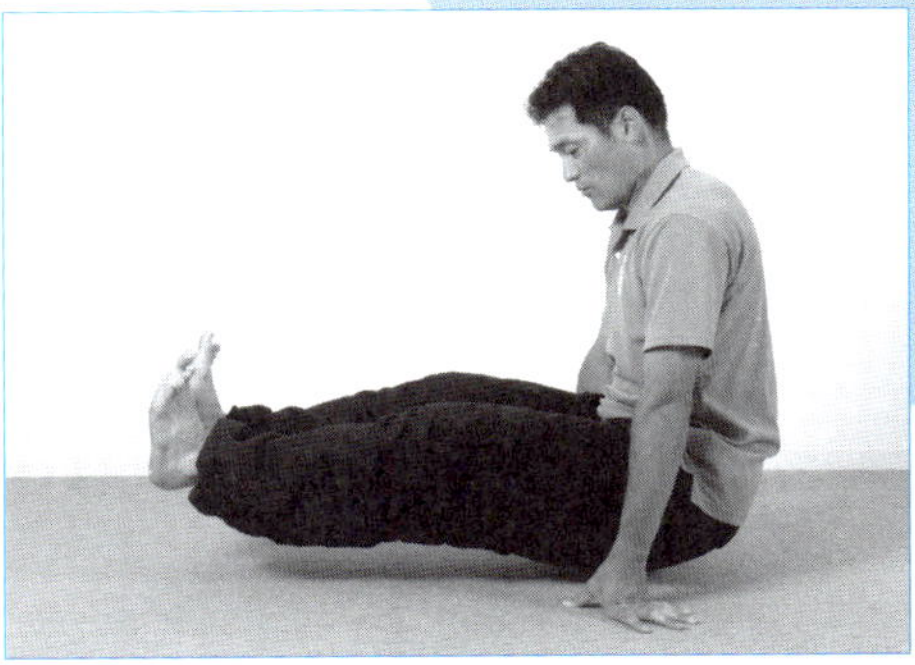

お尻を浮かす際には、腕や肩の力だけではうまくいかない。しっかりと肩甲骨を落として、体幹を使って上げないと、腕の力で体を一瞬浮かせられても、浮いた状態を保つことはできない。また足を浮かすには、足の筋肉というよりも、大腰筋のようなインナーマッスルを使うことを意識してみるとよい。

よくある失敗例

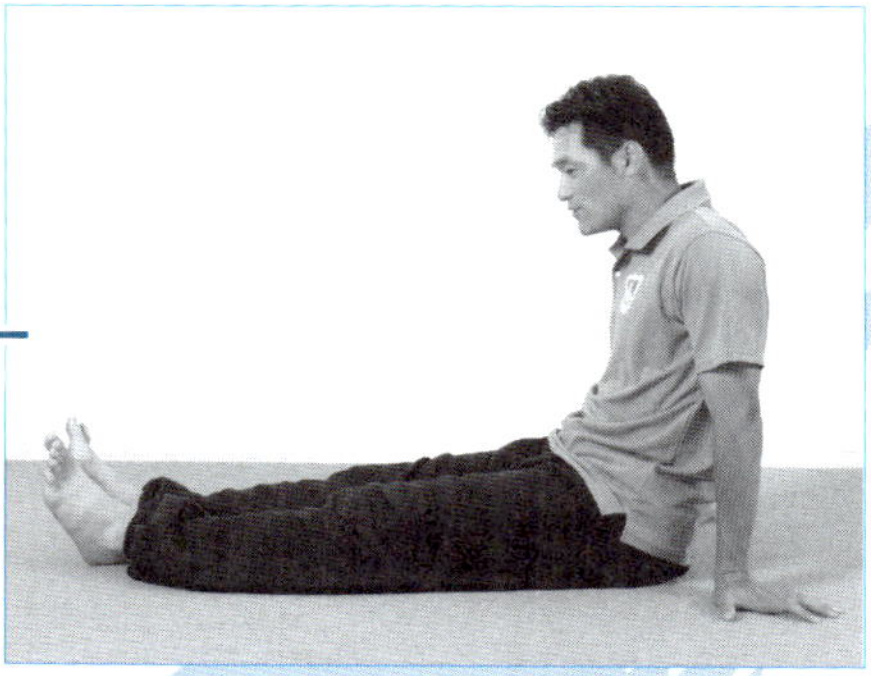

長座の姿勢。手が背中側にある。この姿勢だと、肩甲骨をうまく下げられない。

腕だけの力で上げようとしてしまい、体が後ろに逃げてしまっている。

反動を使って足を上げようとするが、お尻が上がっていない。

よくある失敗は、反動をつけて腕と足の力だけで体を浮かそうとする場合。手と足はバラバラに働き、お尻を上げるどころか、後ろに倒れてしまいかねない姿勢になる。たとえお尻が上がっても、それを維持することができない。また、手が体の横でなく、それよりも後ろ＝背中側にあると、肩甲骨をうまく下げられず、腕だけを使いがちになるので、体を上げることは難しい。

背中側に手があると上がらない

実践トレーニング イスを使ったお尻持ち上げ

職場や学校でも手軽にできる

長座からのお尻持ち上げは、どうしても難易度が高いので、初めはイスに座った状態で、肩と肩甲骨の動きで体を浮かせるだけでも構いません。最初は足の裏が床についた形で、お尻を持ち上げます。慣れてきたら自分のほうに引きつけるようにして、足を床から浮かせます。

例えば、仕事や勉強などの合間に、少し疲れてきたら気分転換がてらにやってみるとよいでしょう。写真のようなキャスター付のイスを使うときは十分注意して行いましょう。

肘かけ部分に手をつく。

肩甲骨の動きでお尻を持ち上げる。

椅子の上でお尻を持ち上げた姿勢。

慣れてきたら足を浮かせてみる。

実践トレーニング 肩甲骨を意識して四足歩行に挑戦

体幹をねじらずに四つん這いで前進

自然界における、さまざまな生き物の動作を取り入れたトレーニングを「クリーチャートレーニング」と呼びます。基本的には、ライオンやフラミンゴなど、さまざまな生き物の動きを真似しますが、四足歩行の動物の動きを模した場合、人間の体に不向きな動きをしてしまいかねないものもあります。

例えば、体幹をねじるような形で動いている動物は、実際の自然界にはほとんどいません。体幹をねじるのは、獲物を追ったり、逆に外敵か

膝を外側に、肩甲骨を下げて背中を広げてしゃがむ。

そのままの姿勢で、床に手をつき、四つん這いになる。

クリーチャートレーニングの例 カラダをねじるくせがつきやすい

四足歩行の生き物の動きを真似する場合、体幹をねじってしまいがちです。こうした状態では、楽に、前に進むというわけにはいきません。かえって体をねじるくせがついてしまいそうです。

ら逃げたりする際に、急激な方向転換をするなど、緊急時の場合のみです。ですので、四足歩行のトレーニングをする際は、体幹をねじらないように行うとよいでしょう。

まずは、膝を外側に向けて開いた形でしゃがみます。次に肩甲骨を下げて、背中を広げます。こうすると、背中は丸みを帯びたような形になります。

この背中の丸みと肩甲骨が下がった状態のまま、床に手をついて四つん這いになり、前進します。この姿勢ですと、体が張ったまま手足が動くため、手足の力は全て、前進するために使われます。体幹がまとまっているため、手を出せば足もついてくるような状態です。

手を出せば自然に足もついてくる。

体幹がまとまっているため、力強く前進できる。

高橋先生のワンポイント！

四足歩行をする際、肩甲骨を下げず、背中の丸みを作らないままで行うと、体幹がまとまらず、体や足、手はそれぞれバラバラに動いてしまいます。しかし、肩甲骨を下げて背中に丸みを作ると、手を出せば自然と足がついてくるように、一部分を動かせば全体が連動します。クマやイノシシなど四足歩行する動物は、突進する際、背中が丸まっていますが、これが前に進むためには一番楽な姿勢なのかもしれません。

実践トレーニング
足指を曲げて立つ

足指で立ったりジャンプしたりする

足指をしっかりと曲げられれば、そのまま地面について立つこともできます。さらにジャンプもできます。ただし、硬い床で行うと骨折など怪我のもとになりますので、クッションなどを敷いて行いましょう。

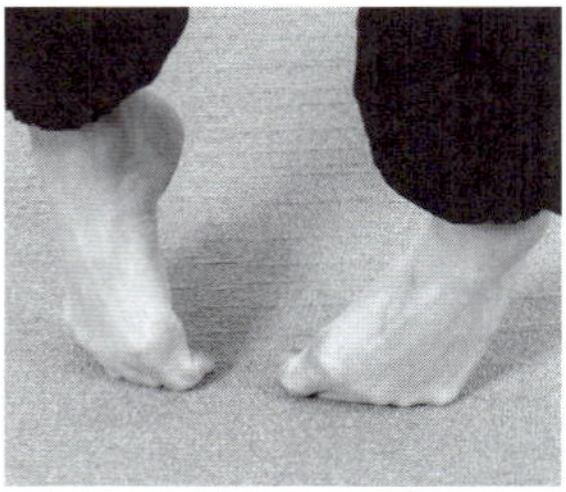

第2章で紹介した曲げた足指は、より強く握れば足指だけで立っても大丈夫な状態になる。

上級編！ 足指でジャンプ！

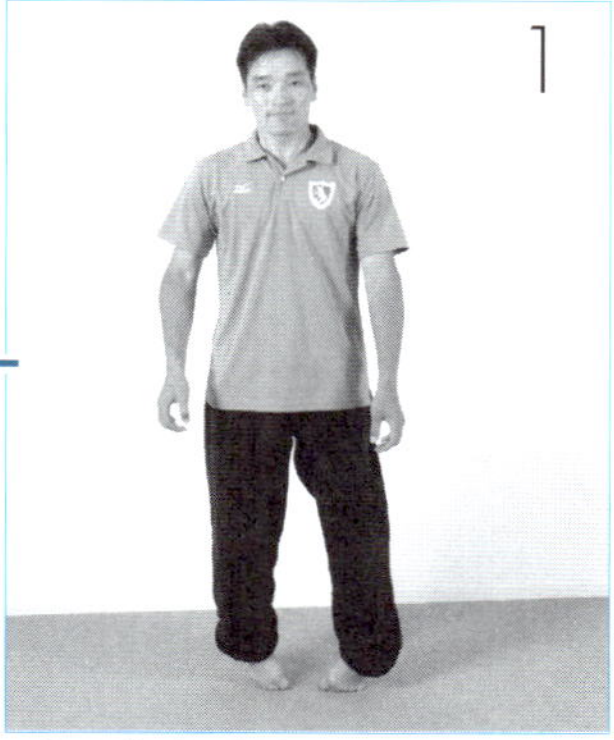

1 足指を曲げた状態で立つ。

2 ここから真上にジャンプする。

3 足指が強ければ、少しでも宙に浮くことができる。

4 初心者は着地の際、骨折の危険もあるので、必ずクッションなどを敷くこと。

実践トレーニング タオルギャザーのやり方

正しいタオルギャザーは足の小指まで力を入れる

タオルを足指でつまんでいく運動です。土踏まずがないという人などは、ぜひ実践していただきたいトレーニングです。さほど難しくない運動ですが、親指だけでタオルをつまんでしまっている人が、意外と多いと思います。これだと、親指を握る筋肉しか鍛えられません。

ですので、タオルギャザーをやる際は、とにかく全部の指でぎゅっとタオルを握るようにしてください。特に小指を意識しないと逆効果になってしまうので要注意です。

小指に力を入れてつかむ

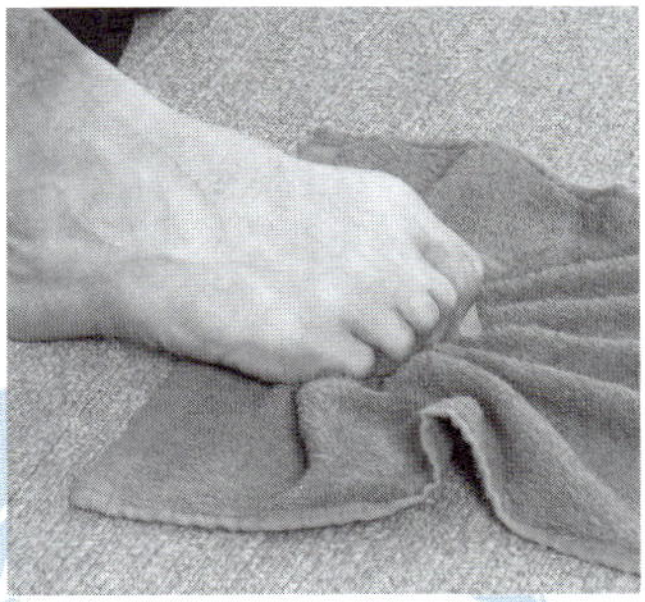

全部の指でしっかりとタオルを握る。

↕ 交互に

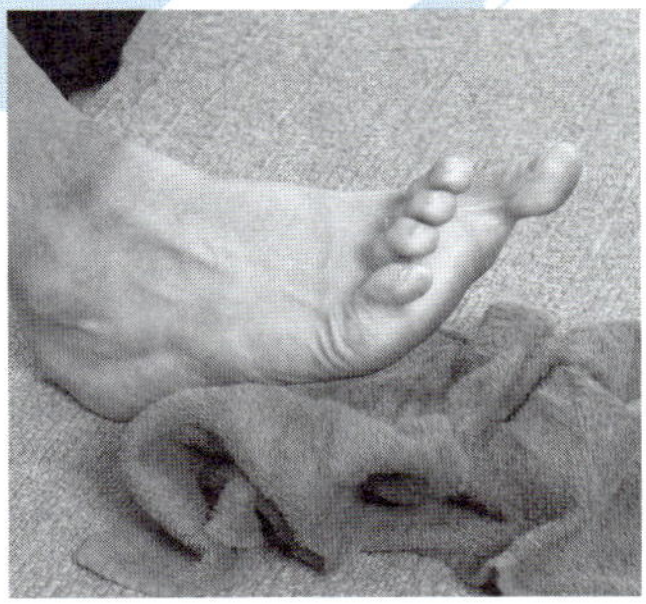

握って放して、を交互に繰り返す。特に小指を使えない人が多いので、小指を意識する。

親指だけでつかまない

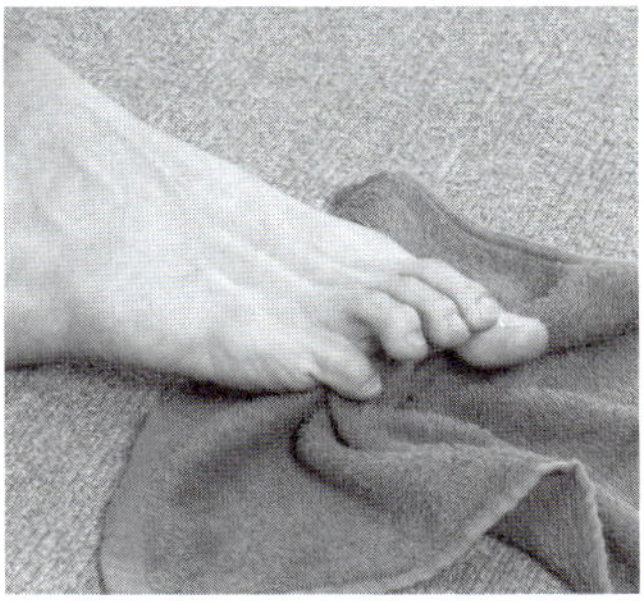

タオルを握る際、親指だけに力が入っている人が多い。

↓

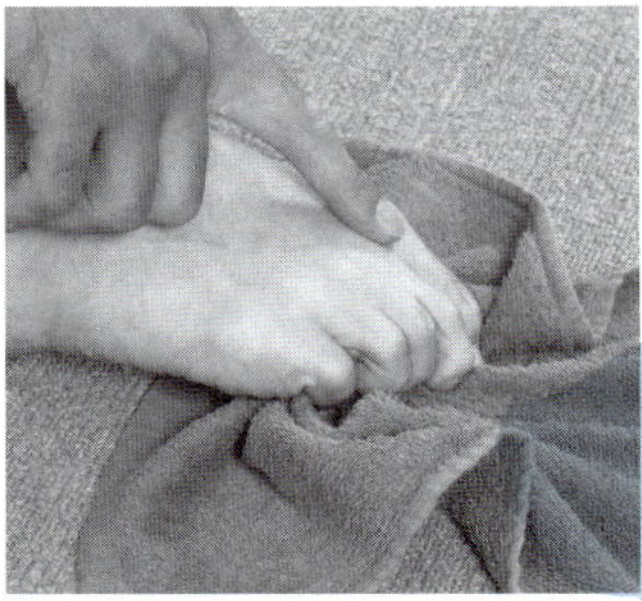

親指にしか力を入れない習慣がつくと、膝や足首に負担をかけやすい体の動きになりがち。

実践トレーニング

ランニングの仕方

地面からもらう力をうまく受け取る

ランニングは第1章で紹介した「走り方」を参考にしてください。地面を蹴ろうとするのではなく、いかに地面から力をもらって、自分の体を前に進めるかを意識しましょう。「全身のバネを意識して」とよく言いますが、地面を蹴ろうと意識すると、バネ自体が自分の力で伸び縮みしているイメージになり、むしろ重い走り方になります。

あくまでも地面から力をもらって、その反動で伸び縮みするイメージで行いましょう。

天と地のバランスが保たれた姿勢から、小指を意識して地面から力をもらう感覚で軽やかに走る。足の裏とすねとの角度は90度を保ち、肩甲骨を下げながら行うことを意識するなど、本書で説明した体の動かし方を総動員する。小指を意識した走り方は、膝や足首など関節にも負担が少ない。最初は足の裏やふくらはぎが張ると思うが、慣れればこうした走り方の方が楽に走れることが体感できる。

親指中心だと重い走りになる

親指に力が入ったり、かかとから地面に接地していたりすると、地面からの力をうまくもらうことができません。結果、重い走り方になります。また、膝や足首など関節への負担も大きくなります。

実践トレーニング

一本歯の下駄を試してみよう!

一本歯の下駄に体幹がつながるイメージ

天と地のバランスを保ち、そのままの姿勢で動くトレーニングに、一本歯の下駄を用いるのもよいでしょう。一本歯の下駄で立つ際には、骨の積み上げから天と地のバランスが保てないとしっかり立つことができません。これができるようになると、その場で足の上げ下ろしやジャンプもできます。下駄の歯が接地する際に、体幹がしっかりとつながって連動していないと、こうした動作はできません。

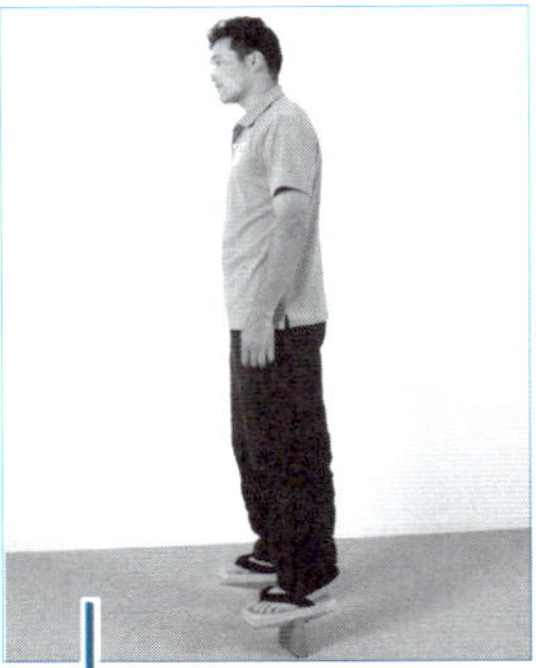

一本歯の下駄で立つ。

地にありすぎると、後ろに倒れる

天にありすぎると、前に倒れる

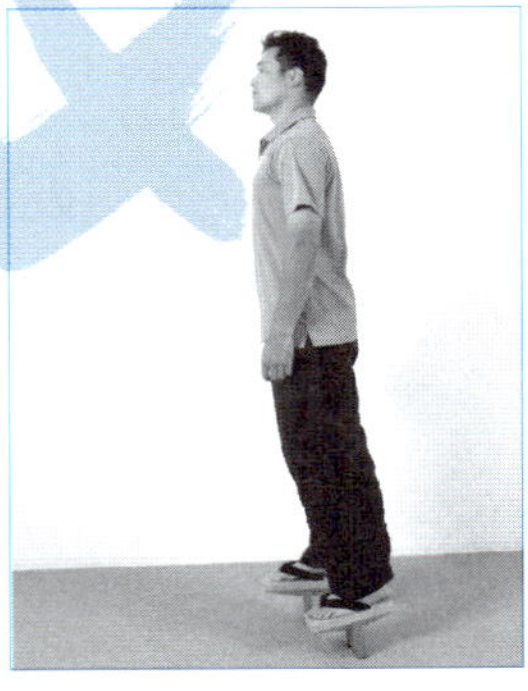

天と地のバランスが取れていれば、立てる

背骨の積み上げ、天と地のバランスがちゃんとしていれば、体幹が接地している下駄の歯とつながり、安定して立つことができる。

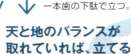

ジャンプ

天と地のバランスがしっかり保てていれば、その場でジャンプしたり、足の上げ下ろしができるようになります。慣れればそんなに疲れたりはしませんが、一本歯の下駄は足だけでなく全身を使いますので、疲れるときは全身が疲労感を覚えます。

←

走り

その場でのジャンプや足の上げ下ろしができたら、歩いたり走ったりするのにも挑戦しましょう。その際、一歩一歩、バランスを確かめながら歩くのではなく、全身が自然に連動しながら流れるように動いていることを意識してください。

←
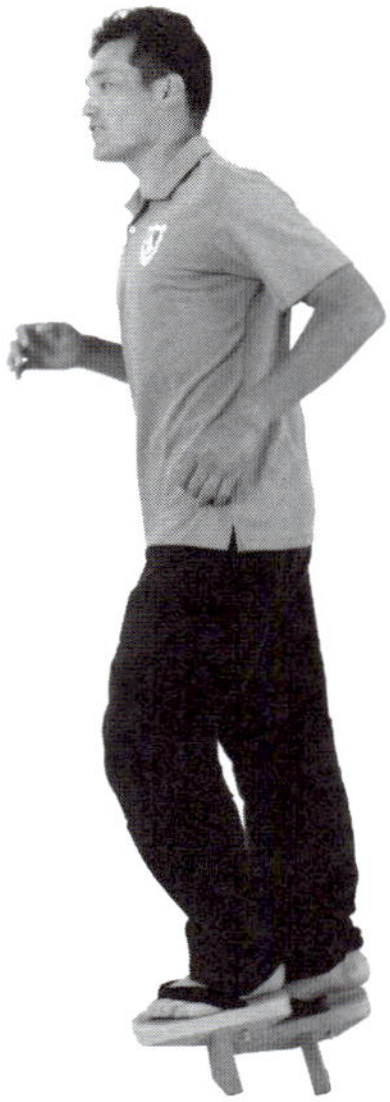

COLUMN 03

一本歯の下駄を活用する!

一本歯の下駄でバランス感覚を養う

現代の日本人にはあまり馴染みがないと思いますが、この下駄は、お祭りの大道芸人や山伏などが使っていたもので、最近では武術の稽古にも用いられたりしています。

女子スピードスケートで、平昌オリンピックで金メダルを獲得した小平奈緒選手がトレーニングに取り入れたことで有名になりました。

平地で通常の靴などで立っていると、足裏のどこに体重が乗っていても立つことができます。しかし、一本歯の下駄で立つ場合、少しでも天と地のバランスが偏ってしまうと、それぞれ前寄り・後ろ寄りに体重が乗ってしまうので、ぐらぐらして立っていられなくなります。

本書を読んでぜひ試したいという方は、下記のお店で購入することができます。

■赤い花緒のじょじょ　http://www.karankoron.com/

第4章

特別対談

高橋佳三 ×

元バルセロナオリンピック陸上代表
杉本龍勇

ホッケー・オランダ１部リーグHGC所属
田中健太

Special talk
Part I

高橋佳三×杉本龍勇（元バルセロナオリンピック陸上代表）

「速く」よりも「うまく」走る

元バルセロナオリンピック陸上代表、現在はサッカー・岡崎慎司選手のパーソナルコーチも務め、子どもから代表選手まで幅広く指導されている杉本龍勇氏との特別対談が実現!!

古武術とスポーツバイオメカニクス

高橋：私はもともと、大学まで野球の投手をしていたのですが、全然ボールが速くならなかった。そこで、どうやったら速くすることができるかと考えて、スポーツバイオメカニクスを研究するようになりました。しかし、大学院に進学したものの、どうしても研究したことが選手たちに伝わらない。感覚的なことをどう考えるべきか、そして伝えるべきかと悩んだところ、古武術と出会いました。２００３年に甲野善紀先生から古武術を習い始めて、今にいたるまでもう16年くらいやっています。

本書では、肩甲骨や骨盤など、姿勢と動かし方に関係したエクササイズを紹介していますが、いずれも筋力トレーニングやスポーツトレーニングをする前の段階のものです。そもそもきちんと動かし方を学ばなければ、たとえトレーニングをしても効果が出にくいし、怪我もしやすくなると思います。

杉本：私自身の研究分野はスポーツ経済学やスポーツ経営学ですが、指導者としても数名のスポーツ選手のトレーニングを見たりしています。今、高橋先生がおっしゃったように、スポーツバイオメカニクスの研究をそのままトレーニングにフィードバックできるかどうかというのは、日本のスポーツ界全体にとっても大きな課題だと思っています。

要は、研究で得たデータを「加工」して現場に落とし込むというのが、指導者の役割だと思う。その「加工」

Tatsuo Sugimoto

する作業を、現在、日本のスポーツ界でできる人というのはとても少ない。たまたま、私は大学卒業後、ドイツ留学をして現地のスポーツトレーニング状況を見ることができ、先進的なスポーツ科学に携わる仲間たちと知り合うことができました。そこでは、非常に分業体制が進んでいました。

日本の場合、大学の教員が、研究者でありながら指導者でもあるという、とてもファジーな状態です。ところがやはり、厳密に考えても指導者と研究者は違う。研究の中でもそれぞれの分野があるように、それぞれの専門性があってその上でリンケージ（連係・連鎖）することが大事だと思います。

高橋：そうですね。まさにリンケージです。私の場合、ずっとスポーツバイオメカニクスを研究していて、

103~115ページまで、撮影：金子 靖

「速く走る」ことは、結果的についてくる。目指すべきは「うまく走る」こと。

データ通りに動けばいいのかなとやっていました。しかし、結果は伴わなかった。けれども古武術をやると、まさにリンクができた。すごい選手がこんな動きをしているというデータが出て、そこにはこんな意味があるということが、古武術をやるようになってから言葉にできるようになってきました。

杉本：私自身、今まで携わった指導者たちからは「おまえは特に才能があるわけじゃないんだから、とにかくきちっと練習しなきゃいけない」と常々言われた。しかし、練習するとなるとそのメソッドは、多くの場合、画一的です。ですから何も考えないでやっていると、自分の身にならない。才能のある選手にはどんどん離されていってしまいます。その差を埋めるためには、自分の身体の動きがどうなっているか、ちゃんと感じて考えなくてはいけないと思います。

私の場合、最終的には筋力ではなく技術が大事だと思っています。その技術をうまく表現するために、感覚や身体のさまざまな部位を動かす順序など、きちんと感じ取れるかどうか、考えながらやってきました。それは現在の指導にもすごく生きています。ですから、高橋先生が今おっしゃったことには、とても共感ができますね。

「速く走る」よりも「うまく走る」

高橋：杉本先生の書かれた本の中に、「速く走る」というよりも「うまく走らなきゃいけない」という表現があったと思いますが、あれを読んで本当にそうだなあと感心しました。

杉本：ありがとうございます。

高橋：この「うまく」という表現。この部分を伝えられない指導者は多いと思います。形は知っているけれども、なかなか感覚的なことを伝えることができない。

杉本：そうですね。これはドイツのコーチに言われたことなのですが、「カール・ルイスと同じ走りをすればカール・ルイスみたいに走れるんだ」と。現代で言えば、ウサイン・ボルトとか、日本だとサニブラウン・ハキーム君とか。彼らのように走りたいなら、彼らと同じ走り方をすればいい。しかし、「同じ走り方」という一言に含まれるものは、とてもたくさんあるじゃないですか。見た目も、動かす身体の部位の順序も、筋出力の最大化も、リズム感もいろんな要素が詰まっている。それでも「同じ走り方」という言葉は、全て解決してくれるような、明快な表現だった。ですから、今、選手の指導をする際には、「選手自身がなりたい選手、こういうプレーをしたいと思う選手のそのプレーを、そのままできればその通りになる」と言って、そのために何が必要かを、本人の個性に合わせてうまくアドバイスしていくスタイルを取っています。本人が現在の技術水準から目指すパフォーマンスに向けて逆算し、足りない部分を補っていけば、結果として速くなるだろうと思って、「うまく走る」という表現を使いました。

ですから、高橋先生がおっしゃるように、まずはきちんとした身体の

動かし方を身につけるということが重要になってくるんだと思います。「速く走る」というのは、結果的についてくることであって、サッカーやラグビー、バスケットボールなど、他種目の選手に関しても基本は同じようなアプローチをしています。

高橋：まさに、その通りだなと思いますね。

杉本：もともと私自身が陸上選手で、陸上競技の指導者ですから、たまたま指導した選手が日本代表なんかに選ばれると、私は「速くなる走り方」を教えたと、メディアの方々には言われてしまいます。ですが、実際にやっている選手たちからすると、走り方が速くなったというよりは、運動神経がよくなったという感覚なのです。今までよりも違う動きができるようになったとか、体が動くようになったとか。その上で結果がたまたまついてきた。ですから、速く走る指導よりも、うまく走る指導をしている、というわけです。

高橋：なるほど。どうも研究分野によっては「運動神経」と言うと怒る人もいますからね。

杉本：ええ、もちろん。でも、先ほども言ったように指導者からすれば、単純に一番わかりやすい表現をするほうがいいと思いますね。

高橋：そうですね。

今の練習は毎日やる必要があるのか

杉本：高橋先生の古武術にも関連すると思いますが、コーディネーション能力（自分の体を巧みに動かす能力）を鍛えるために、さまざまなコーディネーショントレーニングがありますが、スポーツのパフォーマンスとしては、それもほんの一部のことですよね。それだけのためにいろんなトレーニングをするよりも、そもそもトレーニングの前段階で、下準備として古武術とか、体の動かし方を整えるとか、きちんとやっておけば、コーディネーション能力も勝手に身につくと思います。

試合の中で発揮したいパフォーマンスから逆算して練習をする。

高橋：そうですね。現在、トレーニングのメソッドがありすぎるくらいたくさんあって、結局、何をやればいいのかわからない人がいっぱいいます。スポーツ全般に関してそうですが、「筋力をつけましょう」と言ったら筋トレをして、「スピードをつけましょう」と言ったらスピードトレーニングをする。バランスが大事だからバランストレーニングをする。こんなことをやっていると、いったい1日何時間練習しなければいけないんだという話になる。

杉本：ええ、そうですね。2019年の1月に、FCバルセロナの練習を見学させていただいたんですが、日々の練習が「トレーニング」という概念ではないことに一番驚きました。「トレーニング」という言葉自体は習慣化しているから使っていますが、やっていることは、試合の特定のシチュエーションでいかにパフォーマンスを発揮できるか、を最優先に考えている。必要とされるシチュエーションをたくさんシミュレートして練習しているんです。言わば試合で発揮したいパフォーマンスから逆算して練習をしている。

　ですから、今、高橋先生がおっしゃったように、いろんな練習をたくさんやらなきゃいけないというふうになると、それはシミュレーションにはなりません。しかし、試合で出したいパフォーマンスそのままの動きなら、ある種、ひとつの練習の中に全てが組み込まれている感じになる。

高橋：そうですね。そういう練習がうまくできたら、本当に変な話、毎日練習しなくてもうまくいくようになるんじゃないかなって思います。

杉本：ええ。私は現役の頃、もともと練習が大嫌いでして。高校生のときに陸上の専門雑誌の取材で目標を聞かれて、「日本一少ない練習量で日本一になります」と答えたくらいです。ですから、一石二鳥どころか、一石三鳥にも四鳥にもなるような練習がやりたいんですね。

常に自分を変えていくための練習

杉本：今、高橋先生がおっしゃったように、毎日やらなくてもいいというのは、それこそ古武術で得られた部分。おそらく自転車が乗れるようになると、その後もずっと乗れることと一緒だと思うんですよ。人間は一度覚えたものは忘れない。だから逆に言えば、そのクオリティーを担保するために毎日やることが全てではないという考え方もできる。

高橋：本当にそうなんです。私はよく野球のバットに例えます。もう、何年も野球をやっていれば振ったら当たるわけです。ですからとりあえず当たる練習をしていても仕方ない。ボールに当てるという練習をする中で、何にトライしているのかちゃんと意識しない限り、意味がないと思うんです。もうできることの確認のために練習するのはやめたほうがいいんじゃないかと。もちろん、試合前とか、大事な局面の直前はできることの確認でもいいと思うんですが、そればかりでは意味がない。

杉本：そういう意味で言えば、例えば、高橋先生も私もやっていることがそうだと思うんですが、ある種の神経生理学だと思うんです。いかに神経回路を新しく作り込むか、あるいは覚醒させるか。神経回路自体の発達を促すというところだと思うんです。一見、同じことをやらせていても、実は中身が違ったり、できないことを作り込んでいくような練習をする。

「いかに神経回路を新しく
作り込むか、あるいは覚醒させるか」

高橋：そうですね。結局、現状の力を維持するだけでいいという人は、世界記録を保持している選手とか、世界一になった選手だけですよね。それ以外の人はそこに向かって自分を変えていかなきゃいけない。自分を変えていく作業を本当にしているかどうか、指導している選手たちにたまに問いかけたりするんですが、ポカーンとしている子が多い。

杉本：とてもわかりますね。

高橋：簡単に言うと、昨日の自分より今日の自分はもっとうまくなりましたか、という話なんですが、そうした向上心がないまま練習をしてい

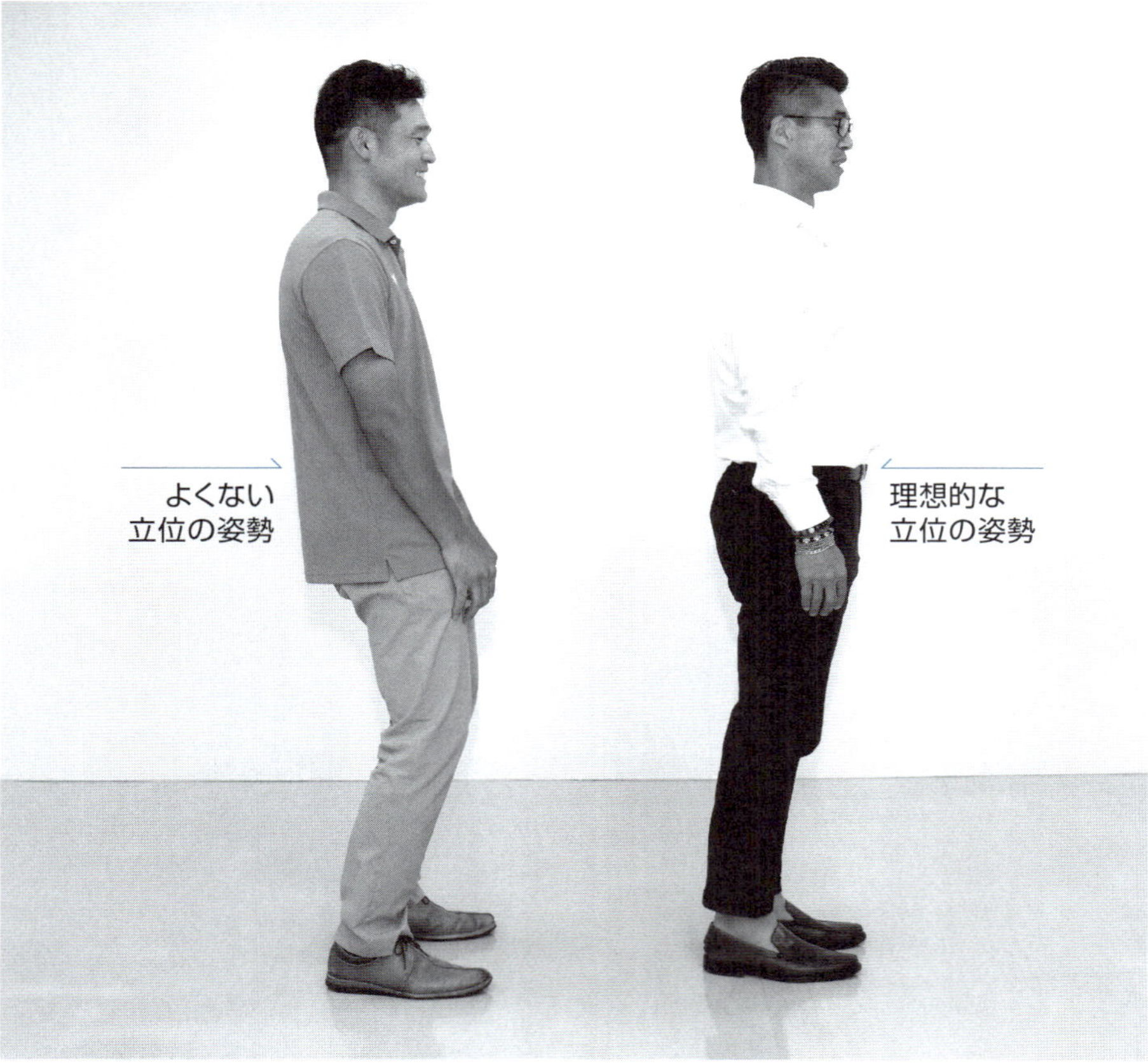

る子が多いですね。確認するだけの同じ練習をするなら、練習を休んだほうがいいと思う。

足の小指と膝、背骨の積み上げ

高橋：せっかくなので、杉本先生に本書で説明した姿勢の整え方をぜひ、実際にやっていただけたらと思うのですが。

杉本：ぜひぜひ。

高橋：まず、杉本先生の普通の立位の状態を見ると、とても理想的な姿勢をされていると思います。横から見ると、膝の上にお尻があって、その上に肩があるという線がちゃんとできている。こうすると自然と下腿が前傾して、その上にまっすぐに並んでいるイメージです。

杉本：ええ、わかります。

高橋：しかし、逆に極端な格好をしてみますと、普通の人が立つと膝が前に出て、お尻が落ちてしまっているような姿勢になってしまう。この姿勢の違いが、運動ができるかできないかを見るときに大事なんだと、割と最近、気がついたんです。

普通の人のように膝が前に出て、お尻が下がり、重心が後ろにあるような姿勢だと、まず姿勢を後ろから前に動かさなければ、前進することもできない。ワンテンポ、無駄な動作をしなくてはいけないので、すぐに次の動きに入れない。

しかし、杉本先生のような姿勢だと、そのまますぐに次の動作を始められる。やや前傾の状態で、足の指でブレーキをかけているようなもので、それを外せば自然に前に行けるような感覚です。

杉本：そうですね。要するに骨盤が立つとか寝るとか、そういった話よりも以前の問題ですね。

高橋：次に背骨の積み上げを体験していただきたいと思うんですが、普通に立っていただいて、前屈の姿勢から、ゆっくりと背骨を下から順番に積み上げていく感覚で上体を起こしてみてください。最後に首を起こすような感覚です。こうすることで体幹と足がひとつながりにまとまり、ちょっとやそっとではぐらつかなくなります。

杉本：なるほど、「背骨を積み上げる」という表現なんですね。とてもわかりやすいですね。私は、子どもたちに教えるときは、胸を張れと言うのではなく、背筋を伸ばせと言います。胸を張れと言うと、お腹が出てしまう子もいるので。

高橋：子どもたちには、もしかしたら「背骨を積み上げる」はわかりづらい表現かもしれませんね。

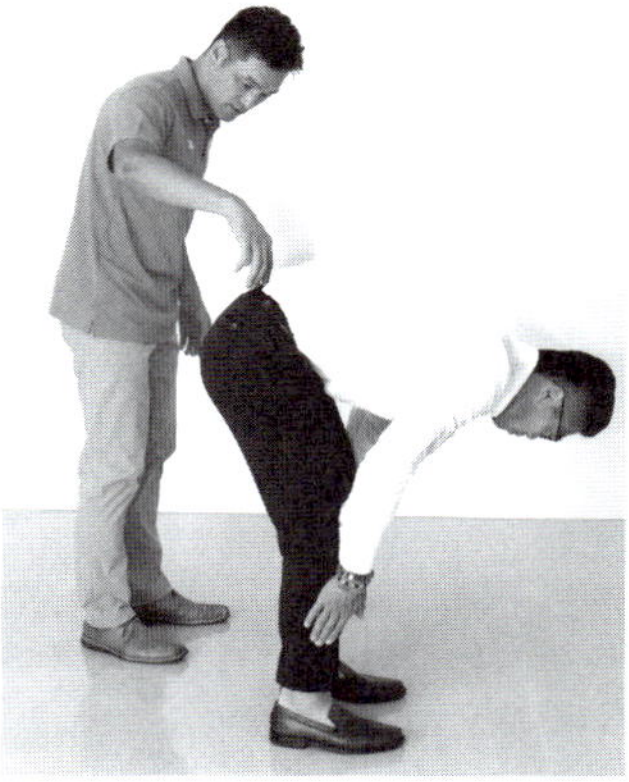

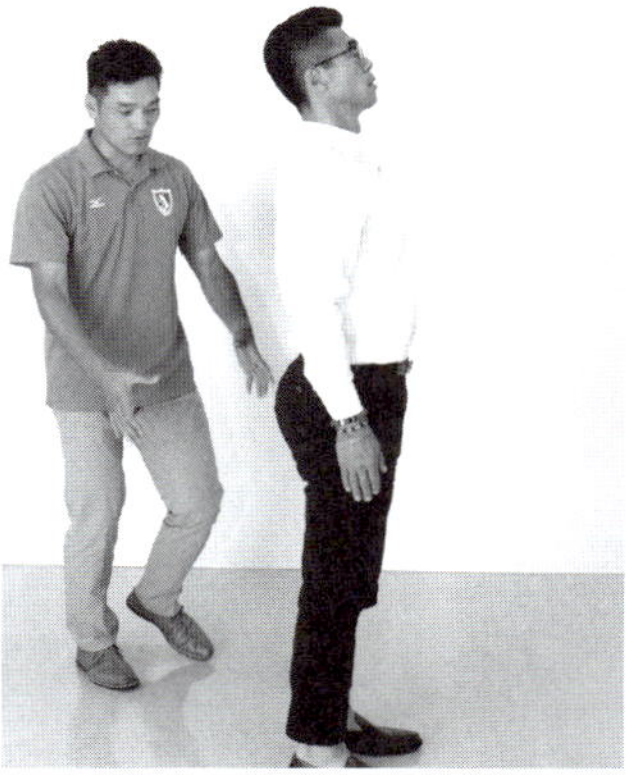

対談の最中、杉本氏に本書所収の「背骨の積み上げ」を体験していただいた。「背骨を積み上げる」という表現に注目する杉本氏と、熱心に説明する監修者の高橋氏。

親指に力が入っている場合

杉本：背骨の積み上げをするのとしないのとでは、かなり違いますね。きちっと体幹と足がはまっている感覚があります。それでいて単純に固定されているのでもない、止まってしまっている感じとも違うなと思いますね。

高橋：ありがとうございます。伝わってよかった。

杉本：本書では小指を大事にするという内容も盛り込まれているということですが？

高橋：例えば親指に力が入ると膝が内側に入ってしまいます。そうすると骨盤の可動域が狭まり、うまく前傾ができなくなる。膝が内側に入ると、深くしゃがめません。しかし、逆に小指に力が入ると膝は小指側すなわち外側に少し開くようになる。その延長であれば、ちゃんと深くしゃがむことができる。実際に歩いたり走ったりする際には、親指に力が入っていると膝も内側に入り、ブレーキをかけながら歩いているような状態になる。これを小指に意識を持っていくと、骨盤がちゃんと倒れるので、前に進む力を出せる。ですから、極端な話、親指はむしろ最後の最後に、地面を蹴り上げるときだけでいい。最初から親指に力を入れろ、というのはスポーツ指導の現場では多く、私は「母趾球神話」と呼んでいます。

杉本：なるほど、そういうことですね。わかりました。母趾球っていうと、親指を中心点にコマになっているようなイメージで、本当に母趾球だけになってしまっている場合が多い。私は、支えるという動作の際には、母趾球と親指の爪の先端、そして人差し指側をつないだ四角形で立ちなさいという言い方をします。人

小指に力が入っている場合

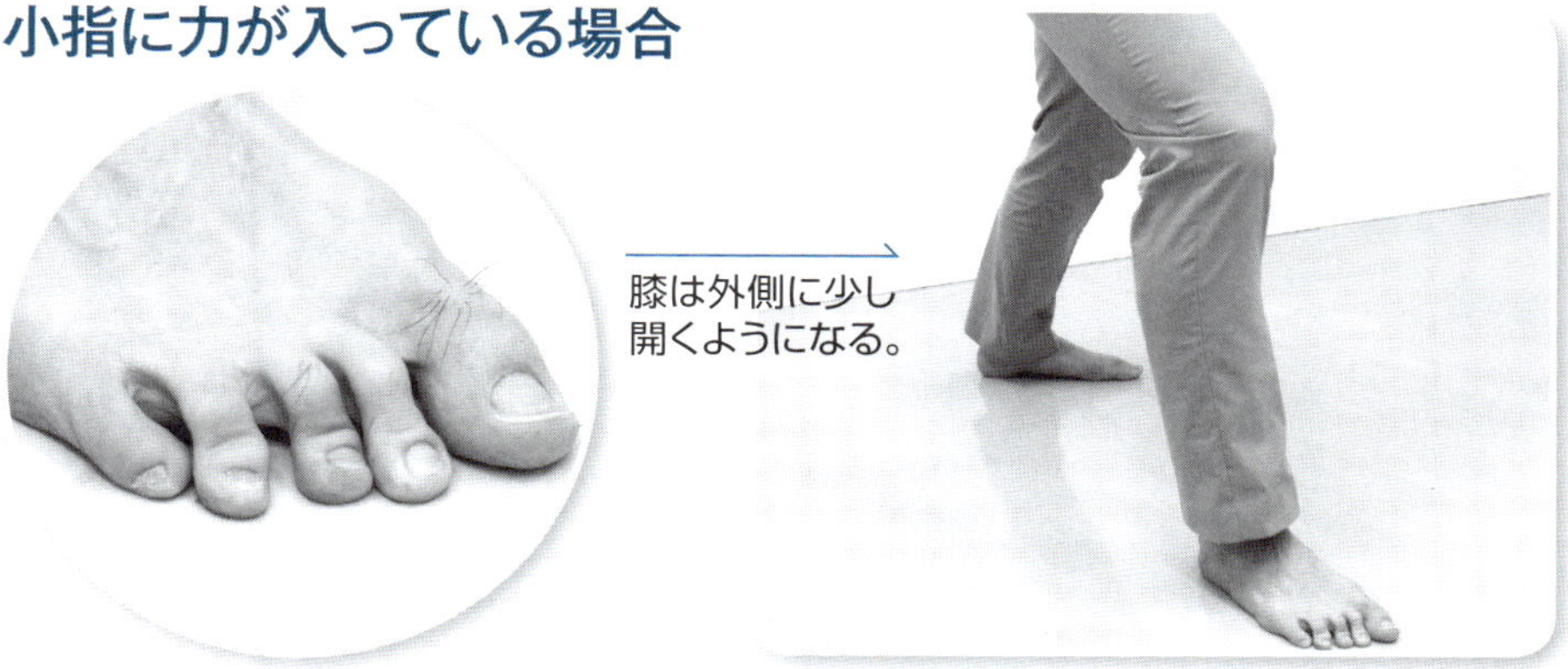

間の自然な動きで言えば、必ず小指から入って親指から抜けていくわけですが、最近の子どもは運動不足もあって、指が抜け切らない子どもが多い。歩いたり走ったりする際に、足指が使えていないと思う。そこで、あえて母趾球と親指、人差し指側を結んだ四角形で立たせる練習をさせています。

専門スポーツの前に体の動かし方を学ぶ

杉本：先ほど、日々の練習の中で、何にトライするかを意識することが大事とおっしゃっていましたが、今、体験させていただいた姿勢の整え方などのように、気づきがあることが大切ですね。今まで気づいていなかったことに気づかせてあげて、そこにトライさせる。チャレンジさせるだけで、今までなかったものが覚醒される。それだけで本人の能力は増幅されるわけです。高橋先生のご指導も、自分の身体に対していろんな気づきを持たせることだと思うんですが、私もよく「頭を使え」と言います。身体的な才能だけでスポーツはある程度できてしまう場合も多

「最初から親指に力を入れろという指導を、私は『母趾球神話』と呼んでいます」

気づきを与えてトライさせる。日々、チャレンジさせること。

いですが、一定のレベルまでいくと、頭が使えないとやはり伸びないんです。それに、生まれ持った身体的な才能だけで、スポーツの優劣が決まってしまうのだったら、こんなに面白くないものはない。才能のない人が才能のある人に勝つためにやる練習というのが、本当の練習だと思います。

高橋：確かに。素晴しいですね。

杉本：今後、研究につなげてみたいとも思っているのですが、今の子どもたちは、以前に比べるとやはり体力的には年々、低下している。そうなると、成人して社会人になったときに、労働する体力もない可能性があるのではないかと思うんです。少子化など人口構造の変化とともに単純労働の多くがＡＩ（人工知能）に代わられていくとして、本当に体を使う場面が少なくなっていくでしょう。しかし、デスクワークも関係ないように見えて、運動能力や体力が土台になっている。実はインテリジェンスを働かせるためには体力も必要なんです。そういう意味で、学校体育も、いきなりスポーツを始めさせるのではなく、思考力を使って体を動かすなど、別の形での指導に変えていかなければいけないのではないかと思います。

高橋：確かにその意味では、全般的に専門スポーツを小さい頃からやりすぎている傾向がありますね。3歳の頃からサッカーをやっているという学生がいて、野球やバスケットボールなど他のスポーツはほとんどやったことがない。何か特定のスポーツに偏った体育指導で、体を動かすことが嫌になってしまった子どもも多いと思うんです。そういう意味では、小さい頃はいろんなスポーツをやらせたり、自然の中で体を動かしたりするなど、もっとレクリエーション性のあるものを増やしていったほうがいいのかもしれません。

杉本：そうですね。その辺の話は、特定のトレーニングや専門スポーツをやる以前に、高橋先生が体の動かし方を学ぶために古武術を取り入れたことの重要性と、よく関わってくると思いますね。

Tatsuo Sugimoto

profile

杉本龍勇

1970年、静岡県生まれ。法政大学経済学部教授。現役時代は日本短距離界を代表するランナーの一人で、92年バルセロナオリンピックでは4×100mリレーで6位に入賞。2003年に浜松大学陸上部監督に就任し、長谷川健太監督(当時)率いる同大学サッカー部フィジカルアドバイザーを兼任。05年から清水エスパルスのフィジカルアドバイザーを務め岡崎慎司らを指導し、大分トリニータでもトップチームのフィジカルアドバイザーとして活動。

Special talk
Part Ⅱ

高橋佳三×田中健太
（オランダ1部リーグHGC所属）

東京オリンピック出場のその先へ

東京オリンピックでは男女ともに出場が確定した日本ホッケー。現在、田中健太選手は、世界最高峰のオランダ1部リーグで活躍する日本人初のプレーヤーだ。そんな田中選手に、古武術を体験していただいた。

――男子ホッケー日本代表の田中健太選手には、対談の前に1時間ほど高橋先生による指導を体験していただきました。いかがでしたでしょうか。まずその感想から伺えたらと思います。

田中：最初、古武術と伺って、どうやってホッケーに活かすことができるんだろうと思っていたんですが、ご指導いただいているうちに、すごく理にかなっていると思いました。実際にやってみて、とても驚きましたね。力の伝わり方についてのお話も、とてもいいなと思いましたし、ホッケーに活かせるところがたくさんあると思います。

高橋：それはよかった。

田中：今までやっていたトレーニングとはかなり印象が違いますね。特に膝からお尻にかけての使い方ですとか、肩甲骨を下げるためのイメージですとか、かなり違います。すごい理にかなっている感じがしました。そして、わかりやすいご指導ですね。

――高橋先生は、古武術を武術研究家の甲野善紀先生にご指導いただいたと伺いました。甲野先生もそういったご指導をされているのでしょうか？

高橋：いえ、甲野先生は現在70歳ですが、常に変化し続けています。半年前言っていたことと今日言うことが全然違ったりしますし、やることも常に変わっている。事細かく教えるということは一切なくて、最新の自分の動きを見せてくれて、勝手に周りが学んでいるんです。

田中：そうなんですか。

高橋：2003年1月から、甲野先生のもとで古武術を始めました。半年経った頃に稽古場に行くと、甲野

先生の動きを見て、わからないという人たちが私の周りに寄ってきて、いろいろ質問するようになっていました。できる、できないはおいといて、私が説明すると納得してもらえるという感じでした。専門としているスポーツバイオメカニクスでは、体の動きや姿勢の合理性といったものを研究していますので、そういう目線で甲野先生の動きを見ていると、田中さんが今おっしゃったように、本当に理にかなっていることばかりだったんです。

——現在、田中選手はオランダ1部リーグのHGCに所属しておられます。オランダ、ひいてはヨーロッパでの指導というのは、いかがでしょうか。

田中：伝え方は違いますが、本日、高橋先生からご指導いただいたことと、総合的に見ると似ているように

お尻から股関節の使い方、膝と足指、肩甲骨の動かし方など、本書でも取り上げた一連の動きを、田中選手にも体験していただいた。体幹から足までしっかりと線を作ることで、押されてもビクともしない。

「古武術は、ホッケーに活かせるところがたくさんあると思います」

も感じました。特にお尻を使うというのは、海外の選手は非常にお尻が発達していますね。

高橋：確かに。古武術の動きと厳密にどこまで同じかはわかりませんが、骨盤を押し当てて、お尻と股関節で動く感覚は、本書でも四股踏みのところで紹介しましたが、非常に重要だと思います。また膝で動くと、古武術で言うと「気配」がわかってしまうんですね。

田中：「気配」ですか？

高橋：ええ。例えば、刀を持って一気に前に踏み込みたいというとき、膝を動かした瞬間に相手は身構えてしまうんですね。ところが股関節から動けるようにすれば、相手に動き出しがわからない。

田中：海外の選手と日本の選手では骨格的に違って、体格差がかなりありますが、今日教えていただいたように、小指の力の入れ方と膝の向き、股関節の使い方などは、大して力を入れてもいないのに、押してもらっても全然動かなかった。筋力で止まるというよりも、体幹から足までしっかりと線を作って、そういう体の動かし方が大事なんだということがよくわかりました。とても勉強になったと思います。

高橋：小学生でもこうすると動かなくなるんですよね。おっしゃる通り、筋力の問題ではなく、動かし方の問題だと思います。

ウェイトトレーニングと体の動かし方

高橋：オランダでは、ウェイトトレーニングは結構やるのでしょうか？

田中：はい。トレーナーからメニューをもらってやっています。重量を重視するよりも、持ち上げる速さを重視する傾向がありますね。筋肉を大きくするというよりも、速く動かすメニューが今は多いです。

高橋：日本だと、とりあえず体をでかくしようという風潮があるじゃないですか。そうではないんですね。

田中：そうですね。大きくするよりも、瞬発力を上げる点などにフォーカスしていますね。

高橋：なるほど。試合の頻度はどれくらいでしょうか。

田中：週に2回くらいです。

高橋：週に2回。結構しんどそうですね。サッカー並みに走りますよね？

田中：かなり走りますね。でもサッカーと違って、交代は自由なんです。昔はうまい選手はずっと試合に出続ける傾向があったのですが、今のスタイルだと、3～5分、パッと出て、全力でやった後にすぐ交代して、というハイペースが続く傾向になっています。ですから、持久力はあるに超したことはないけれども、優先されるのは瞬発系の筋肉の使い方ですね。ディフェンスはあまり交代できませんが、僕はストライカーのフォワードなので、5分出て交代、5分休んでまた出る、という形が多いです。

高橋：なるほど。すごいスポーツですね。野球だとメジャーリーグは年間で162試合行います。基本的にナイトゲームが多いから、午後6時

くらいに試合が始まります。朝9時くらいに球場に入り、フィジカルケアをしてもらったらすぐにウェイトをやって、食事をして、午後は試合に備えてフリーバッティングや守備練習を行うというのがルーティーンのようです。重たいウェイトは使っていないと思いますが、毎日ウェイトトレーニングをすることで、同じ刺激が入った状態で同じバッティングやピッチングができるかどうか、自分のコンディションを測っているのではないかと思うんです。その意味では大変合理的ですね。

日本の場合、ウェイトトレーニングは、毎日練習をやった後、最後にやることが多いですね。疲れているところに追い込みのようにやるため、結局、練習とウェイトトレーニングが別物になり、つながらない。

田中：自分にトレーニングという認

識がなかったので言わなかったのですが、オランダのチームでも試合の前にウェイトトレーニングをします。試合の5時間前に重い重量を2、3回、大きな筋肉に刺激を入れます。それはトレーニングというよりも、私の認識ではコンディショニングですね。

フィジカルを古武術で補う

田中：オランダリーグに来て、最初はほとんど歯が立たないのかなと心配や不安もあったのですが、割とやれている自分もいて、スピードや技術は通用するな、という手応えもありました。フィジカル面、当たりの強さなどの部分では、もっと向上しないといけないなと思っているところです。

　特に僕はフォワードですから、サークル内での攻防がメインになります。ホッケーはサークル内からしか得点が決められないんです。ですからサークル内ではぶつかり合いもあります。フォワードとしてはサークル内でいかにいい仕事をできるかといったところが勝負なので、そういうところで勝てる選手にならなければと思っています。

　その意味では、それこそさっき教えていただいた古武術における腰やお尻、足の使い方、上半身の使い方なんかができたら、自分にとってもすごいプラスになるなと。

高橋：本当ですか。それはよかった！

田中：まさにああいうことを聞きたかったんです。フィジカルの面は悩んでいて、ちょっと考えないといけないなと思っていました。でも最初に思いつくのがウェイトトレーニングですよね。単純に筋肉の量を増やすということに注目しがちです。でも本日の話を伺っていて、筋肉量や筋力ではなく、体の動かし方が重要

「筋肉量や筋力ではなく、体の動かし方が重要。そういった点をもっと考えていきたい」

「怪我をする部分に負荷が集中するような動きをしているから、たとえ治療しても怪我を繰り返してしまう」

だと気づかされました。そういった点をもっと考えていきたいなと思いました。

高橋：ウェイトトレーニングをするとしても、例えばベンチプレスなんかをすると多くの日本人は、単純に大胸筋の部分に負荷が集中すると思います。胸ばかりを働かせてしまって、結果、薄っぺらな背中の日本人が多い。けれども、海外の選手は背中の筋肉が発達している。あるいは、お尻やハムストリングスが太い選手も海外には多いですね。同じトレーニングをしているのにこの違いはなぜかというと、もちろん持って生まれた体格の差もあるかもしれませんが、体の動かし方が違うんだと思います。

ベンチプレスのときでもしっかり肩甲骨を下げた状態で行えば、脇腹から背中にかけてが鍛えられ、体幹のトレーニングになる。スクワットだって、足の使い方が変われば、ハムストリングスに負荷がかかるようなトレーニングになる。例えば、本書でも紹介していますが、すねが足の裏と90度になった状態でスクワットをすると、ハムストリングスに負荷がかかります。西洋の選手はそれを当たり前のようにやっている節がありますね。

田中：そうですね。印象では、海外の選手のほうがフォームにめちゃくちゃうるさいですし、また、フォームが綺麗なんです。体の使い方を意識してのことなのかもしれませんね。

高橋：ウェイトトレーニングが生まれたのは西洋人たちの生活の中からでしょうし、その意味では西洋人の文化や習慣、暮らし方をよく理解しなければ、きちんとした動かし方も理解できないのかもしれません。

文化・生活の違い
体の動かし方の違い

田中：体の動かし方という話では、膝が内向きか外向きかで、怪我の予防にもつながるというのも、本当にそうだなと思いましたね。僕自身はあまり怪我をしないタイプなんですが、ホッケーは常に膝を曲げた姿勢で行いますし、知り合いで膝を怪我した選手は何度も同じ場所を怪我していますから、やはり動き方というのが関係していると思います。

高橋：結局、怪我をする部分に負荷が集中するような動きを習慣にしているから、どんなにその部分を治療しても怪我を繰り返してしまうんでしょうね。ですから、怪我を治療することだけでなく、その部分に負荷を集中させてしまう動きの習慣もちゃんと修正しないといけない。そうしないと絶対繰り返してしまう。関節は筋肉で補強しろ、という指導もありますが、諸刃の剣で、ちゃんと適切な動きをしていなければ、かえって怪我をしやすくなります。

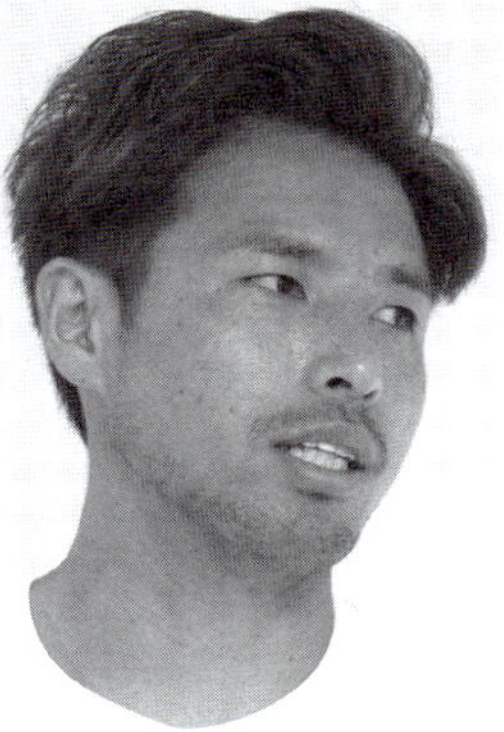

「海外の選手のほうがフォームにめちゃくちゃうるさい。また、フォームが綺麗なんです」

田中：本当にそうですね。筋力を上げても動かし方が変わらなければ、そこにかかる負荷は変わらないし、ましてや筋肉量が増えたことで、負荷自体はより大きくなってしまう。

高橋：本日お話ししたことは、いったいどこが古武術なんだと言われてしまうかもしれません。しかし、結局、古武術云々ということだけでなくて、本来の体の使い方というものがどういうことかを考えようとしたときに、その本来の体の使い方にたどり着くならば、古武術であろうとウェイトトレーニングであろうと、なんでもいいというのが私の考えです。古武術なら古武術が生み出されたときの人たちの生活習慣や文化に戻って考えなければいけませんし、ウェイトトレーニングならウェイトトレーニングを生み出した人たちの姿勢や体の動かし方に戻ってやらなければいけない。それをせずに日本人の身体文化のままで、西洋人のウェイトトレーニングをやろうとすると、たぶん失敗するんだと思いますし、逆もそうなんだと思います。

2020年 東京オリンピックに向けて

――来年、いよいよ2020年の東京オリンピックが開催されます。日本男子ホッケーも出場が決定したと伺いましたが、田中選手の意気込みを聞かせていただけますでしょうか。

田中：まだあと1年ありますので、代表選手の選考も確定していませんが、今回、ホッケーは男女とも出場が確定しました。代表選手として選ばれることもそうですが、本当に見据えているのはその先で、やはりメダルを取ることが一番の目標ですね。

高橋：先を見据える、という意味では、2020年の東京オリンピックに向けて、いろんな種目が強化を続けていますから、かつてないくらいのメダルラッシュが期待できるかのような雰囲気ができ上がっています。しかし、東京オリンピックの後、それ以降のオリンピックでこれくらいの強化がされるかというと、予算の面からいっても厳しいと思います。ですから、2020年の次、2024年のオリンピックではどうなるのか。お家芸と呼ばれるような種目は大丈夫かもしれませんが、スポーツ全体に対する社会の考え方やスポーツ文化そのものが変わっていかないといけないのかもしれません。その意味では、ぜひ、ホッケー日本代表には、男女ともに頑張ってもらいたいですね。

「古武術もウェイトトレーニングも、それが生み出された際の文化や習慣に立ち戻って、体の動かし方を考えなければいけない」

1988年、滋賀県生まれ。春照小学校、伊吹山中学校、天理高校、立命館大学、箕島ホッケークラブなどを経て2018年にオランダ1部のHGCへ。大学時代に日本代表入りを果たし、オリンピック予選は北京、ロンドン、リオの3大会に挑戦。昨年8月のアジア大会では日本代表のエースとして日本の初優勝に大きく貢献。

取材協力

公益財団法人

伊吹山麓まいばらスポーツ文化振興事業団

所在地：〒521-0314 滋賀県米原市春照 77- 2
https://joyibuki.info/

滋賀県唯一のウォーターベース人工芝のホッケーコート競技場が設置されている他、体育館・プール・多目的グラウンドなど、スポーツ施設が充実している。滋賀県内のホッケーチームの練習はもちろん全国規模の大会も多数開催。2024年の滋賀国体ではホッケー競技の会場に内定している。

びわこ成蹊スポーツ大学

所在地：〒520-0503　滋賀県大津市北比良 1204
https://biwako-seikei.jp/

2003年に日本で初の「スポーツ」を冠にする大学として開学。
スポーツを総合的な視野から把握し、未来のスポーツのあり方とその実践方法を考えるために「スポーツ学部」を設置。2020年よりスポーツを専門的に学ぶ6つのコースへ改編となり、今後のスポーツ領域をリードし、新しいスポーツ文化を創造する、深い知識と実践力を備えた人材を養成。

監修者紹介

高橋佳三 *Keizo Takahashi*

1974年7月15日、福井県生まれ。びわこ成蹊スポーツ大学教授。筑波大学大学院博士課程人間総合科学研究科修了。専攻はスポーツバイオメカニクス。野球との関わりは深く、小学校2年次より大学3年次までは選手として、以後、現在にいたるまで指導者として携わる。2003年、桑田真澄投手（当時・読売ジャイアンツ所属）の復活の陰に甲野善紀氏の古武術があったことを知り、学び始める。以後、光岡英稔氏より、中国武術「韓氏意拳」を学ぶ。

古武術でカラダがみるみる蘇る

もっと動ける！ もっと走れる！ 身体操法の基本

2019年9月4日　第1刷発行
2024年3月20日　第4刷発行

監修　高橋佳三
発行人　関川 誠
発行所　株式会社 宝島社
〒102-8388　東京都千代田区一番町25番地
電話：営業03-3234-4621／編集03-3239-0927
https://tkj.jp
印刷・製本　サンケイ総合印刷株式会社

ISBN978-4-8002-9659-7